Maat y la Magia del Antiguo Egipto

Descubra la filosofía Maat y la espiritualidad kemética, junto con los dioses, diosas y hechizos del Antiguo Egipto

© Copyright 2024

Todos los derechos reservados. Ninguna parte de este libro puede ser reproducida de ninguna forma sin el permiso escrito del autor. Los revisores pueden citar breves pasajes en las reseñas.

Descargo de responsabilidad: Ninguna parte de esta publicación puede ser reproducida o transmitida de ninguna forma o por ningún medio, mecánico o electrónico, incluyendo fotocopias o grabaciones, o por ningún sistema de almacenamiento y recuperación de información, o transmitida por correo electrónico sin permiso escrito del editor.

Si bien se ha hecho todo lo posible por verificar la información proporcionada en esta publicación, ni el autor ni el editor asumen responsabilidad alguna por los errores, omisiones o interpretaciones contrarias al tema aquí tratado.

Este libro es solo para fines de entretenimiento. Las opiniones expresadas son únicamente las del autor y no deben tomarse como instrucciones u órdenes de expertos. El lector es responsable de sus propias acciones.

La adhesión a todas las leyes y regulaciones aplicables, incluyendo las leyes internacionales, federales, estatales y locales que rigen la concesión de licencias profesionales, las prácticas comerciales, la publicidad y todos los demás aspectos de la realización de negocios en los EE. UU., Canadá, Reino Unido o cualquier otra jurisdicción es responsabilidad exclusiva del comprador o del lector.

Ni el autor ni el editor asumen responsabilidad alguna en nombre del comprador o lector de estos materiales. Cualquier desaire percibido de cualquier individuo u organización es puramente involuntario.

Su regalo gratuito

¡Gracias por descargar este libro! Si desea aprender más acerca de varios temas de espiritualidad, entonces únase a la comunidad de Mari Silva y obtenga el MP3 de meditación guiada para despertar su tercer ojo. Este MP3 de meditación guiada está diseñado para abrir y fortalecer el tercer ojo para que pueda experimentar un estado superior de conciencia.

https://livetolearn.lpages.co/mari-silva-third-eye-meditation-mp3-spanish/

Tabla de contenidos

PRIMERA PARTE: MAAT 1
  INTRODUCCIÓN 2
  CAPÍTULO 1: MAAT, DIOSA Y ESPIRITUALIDAD 4
  CAPÍTULO 2: MAAT Y EL *KEMETISMO* 14
  CAPÍTULO 3: LOS SIETE PRINCIPIOS Y LAS 42 LEYES 24
  CAPÍTULO 4: DEIDADES SAGRADAS Y CÓMO HONRARLAS 34
  CAPÍTULO 5: HONRAR A *AKHU*, NUESTROS ANCESTROS 48
  CAPÍTULO 6: CONSTRUIR UN SANTUARIO 57
  CAPÍTULO 7: MAGIA *MAAT* 66
  CAPÍTULO 8: CEREMONIAS Y RITUALES MÁGICOS 76
  CAPÍTULO 9: PLEGARIAS Y MEDITACIONES 85
  CAPÍTULO 10: INCORPORAR *MAAT* A LA VIDA MODERNA 90
  CONCLUSIÓN 100
SEGUNDA PARTE: MAGIA DEL ANTIGUO EGIPTO 102
  INTRODUCCIÓN 103
  CAPÍTULO 1: LOS ANTIGUOS EGIPCIOS Y LA MAGIA 105
  CAPÍTULO 2: CREACIÓN, COSMOLOGÍA Y FILOSOFÍA 112
  CAPÍTULO 3: DEIDADES FEMENINAS PRINCIPALES 121
  CAPÍTULO 4: DEIDADES MASCULINAS MAYORES 139
  CAPÍTULO 5: SÍMBOLOS EGIPCIOS Y SU SIGNIFICADO 155
  CAPÍTULO 6: AMULETOS EGIPCIOS Y CÓMO FABRICARLOS 165
  CAPÍTULO 7: MÁS HERRAMIENTAS MÁGICAS PARA CREAR 174
  CAPÍTULO 8: MÉTODOS DE ADIVINACIÓN 183

CAPÍTULO 9: PLANTAS Y HIERBAS SAGRADAS.................................191
CAPÍTULO 10: HECHIZOS Y RITUALES DEL ANTIGUO EGIPTO........201
DEIDADES DEL ANTIGUO EGIPTO DE LA A A LA Z.............................207
CONCLUSIÓN 222
VEA MÁS LIBROS ESCRITOS POR MARI SILVA 224
SU REGALO GRATUITO 225
REFERENCIAS...226

Primera Parte: Maat

La guía definitiva de la filosofía de Maat, sus principios y la magia en la espiritualidad kemetista

Introducción

Maat es una antigua diosa egipcia que representa la verdad, la justicia, el equilibrio y el orden. A menudo se la representa como una mujer con alas o como una pluma de Maat. Como diosa de la verdad, ayuda a encontrar la verdad y a ver las cosas como son. Como diosa de la justicia, aporta equilibrio y orden a la vida. Y como diosa del equilibrio, ayuda a mantener un balance saludable entre todos los ámbitos de la vida.

Maat es también una filosofía espiritual que enseña que todos estamos conectados y que se debe vivir en armonía con los demás y con la naturaleza. Los siete principios de Maat son directrices para vivir una buena vida, y las 42 leyes de Maat son normas que todos deberían seguir para mantener el equilibrio y la armonía en el mundo. Estas leyes incluyen cosas como la honestidad, el respeto a los demás y el cuidado del medio ambiente. El objetivo de la filosofía Maat es vivir una vida alineada con el orden natural del universo.

Maat es un aspecto fundamental del *kemetismo*, la antigua religión egipcia. El *kemetismo* enseña que todos somos hijos de los dioses y debemos vivir la vida para complacerlos. Hay muchas formas de honrar a Maat. Construir santuarios o altares dedicados a ella en las casas, ofrecerle oraciones y meditaciones y celebrar ceremonias y rituales en su nombre. También se puede incorporar a la diosa en la vida moderna viviendo según sus principios y siguiendo sus leyes. Haciendo estas cosas, se crea un mundo más justo y equilibrado para todos.

En este libro, se explora a la diosa Maat, su filosofía espiritual cómo aplicar sus principios en la propia vida. También se aprende sobre algunos otros dioses y diosas del *kemetismo* y cómo honrarlos. Además, se aprende a construir santuarios, realizar rituales y ceremonias y usar oraciones y meditaciones para conectar con lo divino. Por último, se explora el modo de incorporar a Maat en la vida moderna.

Esta guía fácil de seguir le presenta a la diosa Maat y su filosofía espiritual y le proporciona las herramientas y técnicas que necesita para incorporar sus enseñanzas a su vida. Tanto si es nuevo en el *kemetismo* como si lleva años practicándolo, este libro le ayuda a profundizar en el conocimiento de esta antigua tradición y a aplicar sus enseñanzas. Así pues, que inicie el viaje por el mundo de Maat.

Capítulo 1: Maat, diosa y espiritualidad

La idea espiritual de Maat viene del antiguo Egipto y es encarnada en una diosa que representa la verdad, el orden, la moral, el equilibrio y la justicia, entre otras cosas. Maat era un principio rector de la sociedad egipcia y su nombre se reflejaba en diversos aspectos de la vida cotidiana. El jeroglífico de su nombre se llevaba a menudo como amuleto, y la gente juraba en su nombre cuando aseguraba decir la verdad.

En el inframundo, Maat se encargaba de pesar los corazones de los muertos para determinar su valía a la hora de entrar a la otra vida. Se decía que quienes habían llevado una vida desequilibrada y desordenada tenían el corazón «cargado» de malas acciones, mientras que quienes habían vivido bien, según los principios de Maat, tenían el corazón «liviano».

El concepto de Maat ayudó a crear una sociedad basada en la cooperación y la armonía, en lugar del caos y la violencia. En este capítulo se exploran los antecedentes culturales e históricos de Maat y su relevancia en los tiempos modernos. También se analiza el origen de la diosa Maat, sus funciones y los diversos relatos relacionados con ella. Por último, se habla de la importancia de conocer a Maat y de cómo aplicar sus principios en la vida cotidiana.

Maat - La idea espiritual

La religión es un tema complejo y a menudo incomprendido. Como seres humanos, buscamos constantemente respuestas a las grandes preguntas de la vida. ¿Cuál es nuestro propósito? ¿De dónde venimos? ¿Adónde vamos cuando morimos? Para muchos, la religión es un marco para responder a estas preguntas. Existen innumerables tradiciones religiosas en el mundo, cada una con sus propias creencias y prácticas. Una de estas tradiciones es la religión del antiguo Egipto. En el centro de este sistema de creencias se encuentra la diosa Maat.

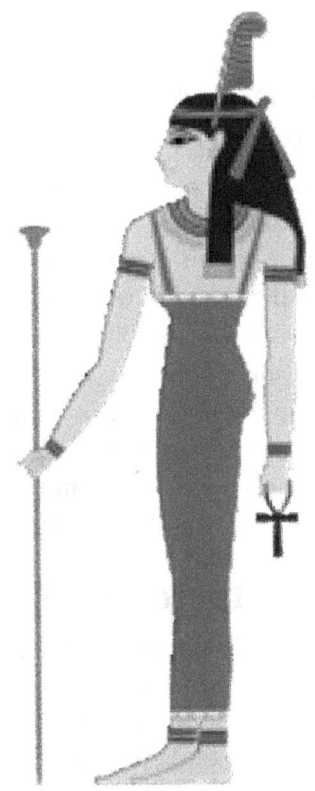

La diosa Maat representaba la verdad y el equilibrio

No se ha encontrado un autor definible automáticamente. Se asume que es Jeff Dahl (basado en reclamo de derechos de autor). CC BY-SA 4.0 <https://creativecommons.org/licenses/by-sa/4.0>, vía Wikimedia Commons: https://commons.wikimedia.org/wiki/File:Maat.svg

Maat representaba la verdad, la justicia y el equilibrio. Era la fuerza que mantenía unido el universo y garantizaba que todo permaneciera en orden. Para los egipcios, Maat era el ideal espiritual al que todos debían aspirar. Al morir, se creía que el corazón se ponía en una balanza y su peso se comparaba con el de una pluma de Maat. Si el corazón resultaba ser más ligero que la pluma, la persona había vivido una vida virtuosa y tenía acceso a la otra vida. En caso contrario, sería arrojada al olvido.

Aunque la idea de Maat ya no es muy popular, sigue siendo un concepto intrigante que invita a la reflexión. Ofrece una perspectiva sobre la moral que vale la pena considerar en la propia vida. En un mundo en el que el egoísmo y la codicia se imponen a menudo, los ideales de Maat ofrecen una alternativa refrescante. Si se toma el tiempo necesario para reflexionar sobre las propias acciones y considerar si se ajustan a los principios de Maat, quizá se sorprenda de lo satisfactorias que puede ser su vida.

El significado en la cultura egipcia

La cultura del antiguo Egipto estaba profundamente arraigada en la espiritualidad, y uno de los conceptos más importantes era el de Maat. Este principio de verdad, justicia y equilibrio era esencial para mantener la armonía tanto en el mundo natural como en el humano. La diosa Maat personificaba estas cualidades y a menudo era representada como una mujer joven con una pluma de avestruz en la cabeza.

Maat representaba al ser humano ideal y servía de modelo de comportamiento en muchos sentidos. Los egipcios pensaban que vivir siguiendo a Maat les permitía conservar el favor de los dioses y tener éxito en la vida después de la muerte. En consecuencia, este concepto era muy valorado en la sociedad egipcia y marcó de forma significativa la cultura.

La evolución de Maat

El antiguo concepto egipcio de Maat se describe a menudo como un sistema de principios morales o un código de conducta. La palabra Maat procede del jeroglífico de una pluma de avestruz, que se utilizaba como símbolo de la verdad y la justicia en la iconografía egipcia. La idea de Maat comenzó con la creencia de que el universo era sostenido por un conjunto de leyes divinas y, para mantener la armonía con el mundo natural, los humanos tenían que cumplir estas leyes. Con el tiempo, el concepto de Maat evolucionó hasta abarcar principios éticos y morales y se convirtió en sinónimo de estos conceptos. Actualmente, este concepto sigue siendo una parte esencial de la cultura egipcia.

La importancia de Maat en la actualidad

Los antiguos egipcios tenían una religión compleja y sofisticada que giraba en torno al culto de un panteón de dioses y diosas. En muchos sentidos, Maat es el equivalente egipcio de la diosa griega Nike o la diosa romana Justitia. Para los antiguos egipcios, Maat no era simplemente un código moral o un sistema ético, sino una fuerza cósmica que garantizaba que el universo funcionara correctamente. En tiempos de caos o desorden, se creía que Maat podía restablecerse mediante rituales y oraciones.

A pesar de ser un concepto antiguo, Maat sigue siendo relevante en la actualidad. En un mundo a menudo caótico e impredecible, es importante recordar la búsqueda de la verdad, la justicia y el equilibrio. También se puede aprender del ejemplo de los antiguos egipcios, que veían en Maat una poderosa fuerza para el bien en el mundo. Invocando a Maat en nuestras propias vidas, podemos crear un mundo más justo y ordenado para nosotros y para las generaciones futuras.

La diosa Maat

En la mitología del antiguo Egipto, Maat era la diosa de la verdad, la justicia y el orden. A menudo se la representaba como una mujer joven con una pluma blanca que era símbolo de la verdad. Maat era hija del dios del sol, Ra, y de la diosa del cielo, Nut. En algunos relatos, también era la esposa del dios de la luna, Thoth. Se creía que Maat mantenía el mundo en equilibrio y evitaba el caos. Su nombre significa «verdad» o «justicia».

Los egipcios creían que si seguían las leyes de Maat, serían recompensados en la otra vida. Quienes no seguían sus leyes, por otra parte, eran castigados. Los sacerdotes de Maat se encargaban de velar por el cumplimiento de las leyes de la diosa. También ayudaban a resolver las disputas y a determinar los castigos. Esta diosa representaba todo lo bueno y lo correcto en la cultura egipcia.

Los orígenes de la diosa Maat

Se cree que la diosa Maat tiene su origen en el periodo predinástico de la historia egipcia. En esta época, el pueblo egipcio estaba dividido en dos grandes grupos: los pastores nómadas del desierto y los agricultores sedentarios del valle del Nilo. Ambos grupos tenían creencias y costumbres diferentes y a menudo entraban en conflicto. Los nómadas del desierto adoraban a una diosa conocida como el «Ojo de Ra». Esta diosa estaba asociada con el caos y el desorden. Los agricultores del valle del Nilo adoraban a una diosa conocida como «Maat», que estaba asociada con la verdad, la justicia y el equilibrio.

Cuando ambos grupos entraron en contacto, empezaron a compartir sus creencias y costumbres. El Ojo de Ra se asoció con Maat y las dos diosas se fusionaron en una sola. Con el tiempo, el concepto de Maat llegó a abarcar todo lo que era bueno y correcto en el universo. Los humanos estaban obligados a respetar las leyes de Maat para mantener la armonía entre ellos y el mundo natural.

Los roles de la diosa Maat

La pluma que llevaba Maat representaba la verdad y se utilizaba como símbolo de la diosa en el arte y la literatura. A veces también era representada con una pluma de avestruz o un par de escamas. Estos símbolos representaban su papel como diosa de la verdad y la justicia.

En la mitología egipcia, Maat desempeñaba un papel importante en la vida después de la muerte. Osiris juzgaba a los muertos, colocando sus corazones en una balanza y comparándolos con una pluma. Si el corazón pesaba más que la pluma, significaba que la persona había cometido malas acciones en vida y que sería destruida.

Como diosa de la verdad y la justicia, no es de extrañar que Maat también fuera la patrona de escribas y jueces. En el antiguo Egipto, estas funciones estaban estrechamente relacionadas, ya que los escribas eran los responsables de registrar las decisiones legales y mantener registros precisos. La diosa Maat representaba el orden y el equilibrio del universo, y su culto era especialmente popular entre quienes usaban estos principios en su trabajo. Los escribas y jueces invocaban el nombre de la diosa al prestar juramento, y su imagen se colocaba en las salas de los tribunales como recordatorio de la importancia de la verdad y la justicia. Al honrar a Maat, escribas y jueces se aseguraban de ser bendecidos con sabiduría y perspicacia en su trabajo.

Se le hacían ofrendas para preservar la verdad y la justicia en la sociedad. En algunos mitos, se dice incluso que creó el universo. Por tanto, era una diosa poderosa e importante en la antigua religión egipcia.

Leyendas relacionadas con la diosa Maat

Son muchos los cuentos e historias relacionados con la diosa Maat. Desde su papel en la creación del universo hasta su lugar en el más allá, fue una parte importante de la mitología egipcia. He aquí algunos de los cuentos más populares asociados con esta diosa:

La creación del universo

Una leyenda cuenta que Maat fue responsable de la creación del universo. Se dice que surgió de las aguas primigenias con el dios del sol Ra. Juntos crearon la primera tierra y todas las criaturas que la habitan. Esta historia destaca el papel de Maat como diosa de la verdad y el equilibrio. También subraya su importancia en la creación del mundo.

La leyenda de los dos luchadores

En esta historia, dos hombres se enzarzan en una pelea. Uno de ellos resultó muerto y el otro fue llevado ante un juez; cuando el juez preguntó al hombre qué había sucedido, él dijo que no lo recordaba. El juez llamó entonces a la diosa Maat. Maat contó al juez lo que había sucedido: el primer hombre inició la pelea, y el segundo solo se defendió. El juez declaró inocente al sobreviviente y lo puso en libertad.

Esta historia ilustra la importancia de la verdad en la sociedad egipcia. También demuestra que, aunque alguien no esté seguro de lo ocurrido, la diosa Maat siempre revela la verdad.

La destrucción de Apep

Apep era una serpiente gigante que vivía en el inframundo. Cada noche, intentaba destruir al dios del sol, Ra. Para proteger a Ra, la diosa Maat luchó contra Apep. Le cortó la cabeza con su espada y destruyó su cuerpo dándoselo a su feroz león. Esta historia destaca el papel de Maat como protectora de Ra. También muestra su fuerza y poder.

El juicio de Set

Según la leyenda, Maat era la encargada de mantener el orden cósmico y garantizar el equilibrio del universo. Una de sus historias más famosas es el «juicio de Set». Set era el dios del caos y el desorden. En esta historia, mató a su hermano Osiris y se apoderó de Egipto. Ra se enfadó tanto que envió a Maat para juzgarlo.

Este relato cuenta cómo Maat es llamada para juzgar los actos del dios Set, acusado de asesinar a su hermano Osiris. Tras considerar detenidamente las pruebas, Maat declara culpable a Set y lo condena al castigo eterno. La historia del juicio de Set enseña que incluso los dioses deben ser responsables por sus actos y que la justicia siempre prevalece.

Maat en contraposición a Isfet

A diferencia de Maat, Isfet era la diosa del caos, la violencia y el desorden. A menudo se la representaba como una leona o una serpiente, y su nombre significaba «injusticia». Se creía que Isfet causaba trece enfermedades, 42 males y todo lo que era desagradable en la vida. También se la consideraba responsable de desastres naturales como inundaciones y tormentas. Mientras que Maat representaba todo lo bueno y ordenado del mundo, Isfet encarnaba todo lo caótico y peligroso.

En la mitología egipcia, Maat e Isfet estaban constantemente en conflicto. Los egipcios creían que si Maat perdía esa batalla, el mundo se sumiría en el caos y la oscuridad. Pero si Maat ganaba, el mundo permanecería en equilibrio y armonía. La historia del juicio de Set es un ejemplo de la victoria de Maat sobre Isfet. En este relato, Set es castigado por sus actos caóticos y violentos y Maat se reafirma como diosa de la verdad y la justicia.

La importancia de conocer a Maat

Para los antiguos egipcios, Maat era esencial para el bienestar individual y social. Conocerla enseña mucho sobre cómo vivir la vida de forma armoniosa y satisfactoria. También ayuda a comprender el papel de cada uno en el mundo. Al aprender sobre Maat, la vida adquiere un mayor sentido y significado.

En el mundo moderno, es fácil olvidarse de la importancia de la verdad, la justicia y el equilibrio. Quedamos atrapados en nuestra propia vida y descuidamos las necesidades de los demás. También es frecuente que los deseos y temores propios nublen nuestro juicio. Pero si nos tomamos el tiempo necesario para reflexionar sobre las enseñanzas de Maat, podemos aprender a vivir nuestras vidas de un modo más armonioso y satisfactorio. Algunas de las cosas que se pueden hacer para aplicar los principios de Maat en la propia vida son:

Tratar a los demás con respeto y justicia

Tratar a los demás con respeto y justicia contribuye a crear un mundo más justo y equilibrado. Por supuesto, esto no siempre es fácil. Todos tenemos diferentes perspectivas y opiniones y puede ser difícil encontrar coincidencias. Sin embargo, recordando los principios de Maat, podemos tratarnos con amabilidad y comprensión, incluso cuando no estamos de acuerdo. Así se contribuye con la creación de un mundo más pacífico y armonioso.

Cuando tratamos a los demás con respeto y equidad, actuamos según los principios de Maat. Esto significa tener en cuenta las necesidades y sentimientos de los demás y darles el mismo trato que querríamos para nosotros. También implica no aprovecharse de nadie ni maltratarlo de ninguna manera.

Ser honesto y veraz

Aunque Maat tiene miles de años, su mensaje sigue siendo relevante hoy en día. En nuestro mundo acelerado y de conexión constante, es fácil caer en mentiras o verdades a medias. Pero si se reflexiona sobre la diosa Maat, se recuerda la importancia de llevar una vida honesta y sincera. Esto significa que no se debe mentir ni engañar. También no hacer promesas que no se pueden cumplir. Cuando se es honesto, se es justo con uno mismo y con los demás.

Respetar los derechos de los demás

Otro aspecto importante de Maat es el respeto por los derechos de los demás. Esto significa no aprovecharse de nadie ni vulnerar sus derechos. También tener cuidado de no sobrepasar los límites. Todos tenemos derecho a vivir en paz y armonía. Es responsabilidad de cada uno defender los principios de Maat en la vida cotidiana. Los principios de Maat son una brújula moral que ayuda a tomar decisiones alineadas con los valores más elevados. Siguiendo el camino de Maat, se crea un mundo más justo y pacífico para la actualidad y las generaciones venideras.

Vivir en sincronía con el mundo

Muchas personas viven desconectadas del mundo que las rodea. Viven en un estado de desequilibrio, sintiendo desacuerdos con el orden natural de las cosas. Esto conduce a un sentimiento de frustración y desesperación. Sin embargo, la antigua filosofía egipcia ayuda a vivir en armonía con el mundo circundante. El principio de Maat enseña a actuar con integridad y a respetar los derechos de los demás. Siguiendo esta filosofía, se aprende a vivir en sintonía con el mundo y se encuentra una sensación de paz y plenitud.

Los beneficios de aprender sobre Maat

Aprender sobre Maat ofrece numerosos beneficios. Por un lado, fomenta una mayor comprensión y aprecio por la justicia y la moral. Además, el estudio de Maat da una idea de cómo los antiguos egipcios veían el mundo y cuál era su lugar en él. Por ello, aprender sobre Maat es una experiencia valiosa para cualquiera que esté interesado en la historia o la religión comparada. He aquí algunos beneficios adicionales de aprender sobre Maat:

1. Vida armoniosa y plena

Los principios de Maat son un conjunto de directrices que ofrecen consejos sobre cómo vivir una vida armoniosa y plena. Estos principios ayudan a crear equilibrio en la vida y las relaciones basándose en las enseñanzas de la sabiduría del antiguo Egipto. Al aprender sobre Maat, se desarrolla una mayor comprensión de sí mismo y del mundo. Los principios de Maat ofrecen una valiosa perspectiva sobre cómo vivir la vida de forma respetuosa, compasiva y justa. Proporcionan un modelo para vivir con más armonía y plenitud.

2. Una comprensión más profunda de la historia y la cultura egipcia

Maat representa el orden ideal del universo y su nombre se utiliza para referirse a los conceptos de verdad y justicia. En la sociedad egipcia Maat era muy importante y se creía que debía estar presente en todos los aspectos de la vida. Conocer a Maat permite comprender mejor la historia y la cultura egipcia. Permite aprender sobre la importancia de la justicia y la verdad en la sociedad del antiguo Egipto. Además, se puede explorar el papel de Maat en la configuración de la religión y la filosofía egipcias.

3. Un mayor aprecio por la justicia y la moral

Conociendo a la diosa Maat, se aprecia más la justicia y la moralidad. Los egipcios creían que era importante vivir en armonía con Maat, ya que esto traería un mundo justo y ordenado. Por ello, daban mucha importancia a la ley y a la moral. Al comprender a Maat, se aprecia mejor la importancia de la justicia y la moral en la propia vida. También se comprende mejor la visión del antiguo Egipto y cómo se esforzaban por crear una sociedad justa. En consecuencia, aprender sobre Maat ayuda a ser mejores personas en la actualidad.

4. El camino hacia un mundo más pacífico y justo

Los principios de Maat se basan en la creencia de que todas las personas son iguales y deben recibir un trato justo. Comprendiendo y defendiendo este ideal, se crea una sociedad más compasiva. Además, aprender sobre Maat también ayuda a encontrar la paz interior. Cuando se vive según sus principios, se encuentra equilibrio y armonía en el interior. Como resultado, se afrontan mejor las tensiones de la vida cotidiana. En última instancia, eso lleva a un mundo más pacífico y justo.

5. Una mayor comprensión de sí mismo

Los antiguos egipcios creían que cada persona tenía un *Ka*, o doble espiritual. Se creía que el *Ka* era la esencia de la personalidad de cada uno y que representaba los deseos más profundos. Por consiguiente, se creía que comprendiendo su propio *Ka*, las personas se comprendían mejor a sí mismas. Aprender sobre Maat ayuda a comprender mejor el propio *Ka*.

Maat es una diosa importante en la mitología y la religión egipcias. Representa el orden ideal del universo y está asociada con la verdad, la justicia y el equilibrio. Aprender sobre Maat es una experiencia valiosa para cualquier persona interesada en la historia o la religión comparada. Además, ayuda a llevar una vida más armoniosa y satisfactoria. Por último, comprender a Maat colabora en la construcción de un mundo más pacífico y justo.

Capítulo 2: Maat y el *kemetismo*

Maat cumple un papel central en el *kemetismo*, al igual que en la antigua religión egipcia. Representa el ideal de armonía y orden en el universo como diosa de la verdad, la justicia y el equilibrio. En el *kemetismo*, Maat es fundamental para la comprensión del mundo y del lugar que ocupamos en él. Viviendo según sus principios, se crea un mundo más pacífico y justo para todos.

Este capítulo explora las creencias y tradiciones del *kemetismo*, centrándose en la importancia de Maat. También se compara el *kemetismo* con el cristianismo, destacando las similitudes y diferencias entre ambas religiones.

¿Qué es el *kemetismo*?

El *kemetismo*, también conocido como neopaganismo egipcio u ortodoxia *kemetista*, es un movimiento religioso pagano moderno basado en la antigua religión egipcia. Las raíces del *kemetismo* se remontan a principios del siglo XX, cuando surgió la egiptología como campo de estudio. El interés por la antigua religión egipcia creció a lo largo del siglo XX, lo que llevó a la formación de varias organizaciones y grupos *kemetistas* en los años setenta y ochenta.

Los orígenes del *kemetismo*

En el siglo XIX, varios eruditos empezaron a redescubrir y revivir la antigua religión egipcia. Entre estos «egiptólogos» se encontraban el arqueólogo británico Sir Flinders Petrie, el egiptólogo francés Auguste

Mariette y el egiptólogo alemán Karl Richard Lepsius. Ellos fueron capaces de descifrar jeroglíficos y conocer más a fondo las creencias y prácticas del antiguo Egipto. Esto les permitió comprender y apreciar mejor la religión del antiguo Egipto.

El desarrollo del *kemetismo*

A principios del siglo XX, varios grupos ocultistas empezaron a adoptar aspectos de la antigua religión egipcia en sus sistemas de creencias. Entre ellos se encuentran la Orden Hermética de la Aurora Dorada, que influyó en el desarrollo de la *wicca* moderna; y el Ordo Templi Orientis, que sigue activo en la actualidad.

Sin embargo, no fue hasta las décadas de 1970 y 1980 cuando el *kemetismo* comenzó a emerger como un movimiento religioso independiente. Esto se debió en gran parte al trabajo de dos egiptólogos estadounidenses, Ronald L. Grimes y Tamara L. Siuda. Grimes es autor de varios libros sobre el *kemetismo*, entre ellos *The Discovery of the Goddess* (El descubrimiento de la diosa) y *The Pagan Faith of Rameses the Great* (La fe pagana de Ramsés el grande). Siuda, por su parte, es la fundadora de la ortodoxia *kemetista*, la mayor y más conocida organización *kemetista*.

El *kemetismo* en la actualidad

En la actualidad, el *kemetismo* es practicado por un número pequeño, pero creciente, de personas en todo el mundo. Los *kemetistas* celebran su culto juntos en templos o como parte de una comunidad en internet. Aunque no existe una teología *kemetista* unificada, la mayoría de los *kemetistas* creen en el poder de los dioses y diosas para influir en el mundo y en nuestras vidas. Muchos *kemetistas* también participan en rituales y ceremonias regulares, que a veces implican el sacrificio de animales. El *kemetismo* no es solo una religión, sino una forma de vida para muchos de sus seguidores. Proporciona una conexión con el pasado y un sentimiento de pertenencia a una comunidad más amplia.

Creencias y tradiciones del *kemetismo*

El *kemetismo* es una religión pagana moderna que se centra en el culto a los antiguos dioses egipcios. Sus seguidores creen que reconectando con la religión de sus antepasados pueden crear un mundo más equilibrado y armonioso. El nombre *kemetista* de Egipto es Kemet, que significa «la tierra negra». Se refiere a la tierra fértil a lo largo del río Nilo, que fue el centro de la civilización egipcia.

El año *kemetista* comienza en septiembre y termina en agosto. Este calendario se basa en el ciclo agrícola del río Nilo, que se desborda anualmente entre junio y septiembre. El día *kemetista* comienza al amanecer y termina al atardecer. Hay tres pilares principales del *kemetismo*: Maat, Netjer y los antepasados.

Maat es el principio de la verdad, la justicia y el equilibrio, y está representada por la pluma de Maat, que se utilizaba para pesar los corazones de los egipcios fallecidos. Netjer es la palabra *kemetista* para dios o diosa. Los antepasados son quienes nos han precedido y siguen desempeñando un papel importante en nuestras vidas. El *kemetismo* enseña que todos estamos interconectados y debemos vivir en armonía con los demás y con la naturaleza.

Deidades

Algo que hace único al kemetismo es su panteón de dioses y diosas. Algunas de las deidades más populares son Isis, Osiris y Ra.

Isis

Isis era una de las deidades más populares del antiguo *kemetismo*. Era venerada en todo Egipto y sus templos eran de los más visitados del país. Isis estaba asociada con varios conceptos, como la maternidad, la fertilidad, la magia y la curación. Sus símbolos eran el *ankh*, la flor de loto, la vaca y la planta del papiro. A menudo se la representaba como una mujer con alas o con cuernos de vaca en la cabeza.

Osiris

En el *kemetismo*, Osiris es el dios del inframundo y del más allá. A menudo se le representa como un hombre de piel verde con barba de faraón, que lleva una corona de plumas y sostiene un bastón. Osiris es el esposo de Isis y el padre de Horus. Osiris fue asesinado por su hermano Set, pero fue resucitado por Isis y se convirtió en el juez de los muertos en la otra vida.

Osiris es el señor de la fertilidad y la agricultura y, como tal, se le asocia a menudo con el río Nilo. También se le asocia con la muerte y la resurrección, ya que resucitó tras ser asesinado por Set. Muchos *kemetistas* creen que al morir serán juzgados por Osiris en la otra vida y, dependiendo de sus actos, se les concederá un lugar en el Campo de las

Cañas o en la Boca del Devorador. Osiris es un dios importante para muchos *kemetistas*, que lo ven como un poderoso protector y guía.

Ra

Ra es el dios del sol del antiguo Egipto y uno de los más importantes del panteón *kemetista*. Se creía que era el creador del universo y su imagen se esculpía a menudo en las paredes de los templos y los obeliscos. También se asociaba con la realeza y su nombre se utilizaba a menudo como título real. Ra solía representarse como un hombre con cabeza de disco solar o como un león con cabeza de halcón. A veces también se representaba con cuerpo humano y siempre iba acompañado de sus fieles compañeras, las diosas Maat e Isis.

Se creía que Ra viajaba por el cielo en su corteza solar y descendía al inframundo por la noche. Los egipcios creían que Ra velaba por ellos incluso después de la muerte y que juzgaba sus almas en el más allá. Era uno de los dioses más poderosos e importantes del *kemetismo*.

Horus

En la antigua religión egipcia, Horus era el dios del cielo y el rey de los dioses. A menudo se le representaba como un hombre con cabeza de halcón que llevaba la corona del alto Egipto. Como hijo de Osiris e Isis, Horus también estaba asociado con el sol y la curación. En uno de sus mitos más famosos, lucha contra su tío Set por el control de Egipto. Este mito simboliza la lucha entre el orden y el caos y sirve para explicar por qué el faraón era divino.

En la actualidad, Horus sigue siendo venerado por los seguidores del *kemetismo*, una religión de inspiración egipcia surgida a principios del siglo XX. Los devotos creen que Horus les ayuda a superar retos y alcanzar su máximo potencial.

Thoth

El *kemetismo* es una antigua religión egipcia que se centra en el culto a un panteón de dioses y diosas. Una de las deidades más importantes es Thot, que a menudo se representa como un hombre con cabeza de ibis. Es el dios de la sabiduría, la magia y la escritura, y a él se atribuye la invención de los jeroglíficos.

También se le asocia con la luna y a veces es llamado «señor de la luna». Además de estas asociaciones, Thot es uno de los dioses más importantes en la vida de ultratumba del *kemetismo*, donde actúa como guía y protector de los muertos. Es una deidad muy venerada en el *kemetismo*, y sus templos son algunos de los destinos turísticos más populares de Egipto.

Bast

En el *kemetismo*, Bast es la diosa del sol, los gatos, el calor y la fertilidad. A menudo se la representa como una mujer con cabeza de gato o leona, y a veces es llamada «ojo de Ra». Además de su papel como deidad solar, Bast también se asocia con los gatos y otros felinos. A menudo se dice que los guía en sus cacerías nocturnas y también se cree que es su protectora y la de sus cuidadores.

Bast también es diosa del amor y la fertilidad y sus templos solían utilizarse como lugares de curación. Quienes la veneraban creían que tenía el poder de curar enfermedades y traer nueva vida al mundo. Por ello, Bast era una de las diosas más populares del antiguo *kemetismo*.

La vida después de la muerte en el *kemetismo*

Según las enseñanzas del *kemetismo*, el alma es inmortal y vivirá en el más allá. No existe una idea única de cómo es el más allá, pero a menudo se piensa en él como un paraíso donde el alma puede descansar y estar en paz. El viaje al más allá no siempre es fácil. El alma debe superar varias pruebas antes de llegar a su destino final.

Se dice que algunas de estas pruebas son difíciles, pero superarlas se considera un signo de fortaleza y perseverancia. Quienes superan con éxito la otra vida son recompensados con la vida eterna en el paraíso. Para muchos *kemetistas*, la creencia en la vida después de la muerte es uno de los aspectos más reconfortantes de su religión. Les da la esperanza de que, incluso después de morir, sus almas seguirán existiendo de alguna forma y que algún día se reunirán con sus seres queridos.

Rituales y ceremonias

El *kemetismo* es una antigua religión egipcia que se practica desde hace más de 5.000 años. A lo largo de este tiempo, ha desarrollado una rica tradición de rituales y ceremonias que sus seguidores actuales siguen practicando. He aquí algunos de los rituales y ceremonias más importantes del *kemetismo*:

Ceremonia de apertura de la boca

La ceremonia de apertura de la boca es uno de los rituales más importantes del *kemetismo*, religión basada en el culto a las antiguas deidades egipcias. La ceremonia sirve para consagrar las imágenes de los dioses y darles vida para que sean veneradas. En el ritual participan dos sacerdotes, uno que representa al dios Shu y otro a la diosa Tefnut.

Shu sostiene una azuela ceremonial con la que abre la boca de la estatua o imagen. A continuación, Tefnut da vida a la imagen con un quemador de incienso. La ceremonia de apertura de la boca se suele realizar en las estatuas de Osiris, ya que se cree que esto le permite resucitar y cumplir su papel de señor del inframundo. La ceremonia también se puede realizar en momias para darles la capacidad de hablar y ver en la otra vida.

Fiesta de Bast

La Fiesta de Bast es una de las celebraciones más importantes del *kemetismo*, religión basada en el culto a la diosa egipcia Bast. Se celebra cada año el primer día del mes de Thoth y conmemora el papel de Bast como protectora y guardiana. Durante la fiesta, los devotos de Bast le ofrecen plegarias y sacrificios y suelen llevar ropas o joyas especiales en su honor. La festividad es también un momento de fiesta y alegría, y muchos templos *kemetistas* celebran fiestas públicas que incluyen música, danza y festines de comida tradicional. Para quienes rinden culto a Bast, esta fiesta es un momento para recordarla como una poderosa deidad que aporta fuerza y protección a sus seguidores.

La Fiesta de Opet

La Fiesta de Opet era una de las ceremonias más importantes del antiguo Egipto. Duraba más de dos semanas y se celebraba en honor del dios Amón, su consorte Mut y su hijo Khonsu. Durante el festival, una estatua de Amón era transportada por el río Nilo en una barcaza desde su templo, en Karnak, hasta Luxor. Durante el trayecto se celebraban banquetes, música y bailes. La estatua se colocaba en el santuario de Luxor, donde permanecía una semana. Después, era llevada de vuelta a Karnak en una gran procesión. El festival era un momento de alegría y celebración, que reforzaba el vínculo entre el pueblo y sus dioses.

Carreras de barcos de Mesektet

Las carreras de barcos de Mesektet son un ritual popular entre los seguidores del *kemetismo*, una antigua religión egipcia. Las carreras se celebran el quinto día del mes de Epip, cuando se cree que el dios del sol, Ra, está más débil. Durante la carrera, los participantes intentan llegar a la meta en embarcaciones con forma de barcazas de papiro. Se dice que el ganador recibe la bendición de Ra y un lugar especial en el templo de Re-

Horakhty.

Las carreras de barcas de Mesektet son solo uno de los rituales y ceremonias importantes en el *kemetismo*. Otros son la ceremonia de apertura de la boca, que se utiliza para dar vida a estatuas y momias; y el Festival de Opet, que celebra la unión de Osiris e Isis. En conjunto, estos rituales y ceremonias crean un fuerte sentimiento de comunidad entre los seguidores del *kemetismo* y proporcionan una forma de conectar con sus antiguas creencias.

Ética y moral

La ética y la moral son dos conceptos importantes en cualquier sociedad. Definen lo que está bien y lo que está mal y proporcionan un conjunto común de directrices que se utilizan para tomar decisiones. El *kemetismo* es un sistema ético y moral africano basado en las enseñanzas del antiguo sacerdocio egipcio. El código ético *kemetista* hace hincapié en Maat, o equilibrio y armonía. Esto significa que los individuos deben esforzarse por mantener el equilibrio en todos los ámbitos de su vida, incluidas sus relaciones con otras personas, la naturaleza y lo divino.

Además, los *kemetistas* creen que cada acción tiene una consecuencia, tanto buena como mala. Esta creencia guía a las personas en sus decisiones, ya que consideran las consecuencias inmediatas de sus acciones y las implicaciones a largo plazo. Siguiendo los principios de Maat, los *kemetistas* se esfuerzan por crear un mundo justo y armonioso para todos.

La filosofía del *kemetismo*

El *kemetismo* es una fe relativamente nueva basada en la creencia de que las deidades del antiguo Egipto siguen vivas y activas en el mundo. Los seguidores del *kemetismo* creen que es posible entrar en comunión con estas deidades para recibir guía y protección. La filosofía del *kemetismo* se basa en los principios de Maat, que hacen hincapié en el equilibrio, la verdad, la justicia y el orden.

La filosofía del *kemetismo* enfatiza en la justicia
Ahmer Jamil Khan, CC0, via Wikimedia Commons:
https://commons.wikimedia.org/wiki/File:Scales_of_Justice_and_Wreath.svg

Los *kemetistas* creen que, si se adhieren a estas normas, el mundo puede convertirse en un lugar más pacífico. Además, buscan conectar con sus antepasados y el mundo de los espíritus y aprovechar la sabiduría de quienes les han precedido. Al honrar el pasado y el presente, los *kemetistas* creen que se puede crear un futuro brillante para todos.

El papel de los sacerdotes en el *kemetismo*

Los sacerdotes del antiguo Egipto desempeñaban un papel muy importante en la sociedad. Eran responsables de mantener los templos limpios y en buen funcionamiento y de realizar diversas ceremonias y rituales. También eran responsables de enseñar a la gente acerca de los dioses y diosas y de enseñarles los principios de Maat.

En la actualidad, el sacerdocio *kemetista* no es tan numeroso ni está tan organizado como antaño. Sin embargo, hay algunos sacerdotes y sacerdotisas que practican la fe y que se esfuerzan por mantener vivas las tradiciones. Estos individuos desempeñan un papel importante en la comunidad *kemetista*, proporcionando guía y sabiduría a quienes las buscan.

La importancia de Maat en el *kemetismo*

Uno de los conceptos más importantes del *kemetismo* es Maat, que se traduce aproximadamente como orden, equilibrio o justicia. La idea de Maat es fundamental para la antigua moral egipcia, ya que dicta que los individuos deben vivir en armonía entre sí y con el mundo natural. En la práctica, esto significa que deben actuar con honestidad, compasión y respeto. Además, deben esforzarse por mantener el equilibrio en todos los aspectos de su vida.

El principio de Maat se representa a menudo con la imagen de una balanza, en la que un lado representa el caos y el otro el orden. El objetivo es mantener el equilibrio para que ninguno de los dos lados prevalezca demasiado. Puede ser una tarea difícil, pero los *kemetistas* creen que vale la pena esforzarse.

Aunque el concepto de Maat parezca sencillo a primera vista, puede ser difícil de poner en práctica. Sin embargo, quienes viven según Maat encuentran sus vidas más satisfactorias y significativas. Además, al vivir en armonía con los demás, ayudan a crear un mundo más justo y pacífico. En resumen, el concepto de Maat es esencial, tanto para el bienestar individual como para la salud de la sociedad en su conjunto.

Kemetismo vs. cristianismo

Una de las principales razones del resurgimiento del *kemetismo* es que no está vinculado a ninguna cultura ni etnia. Más bien, está abierto a cualquiera que busque conectar con lo divino a través de las enseñanzas de Maat. En cambio, el cristianismo es una religión basada principalmente en la creencia en un Dios.

Aunque hay muchas ramas diferentes en el cristianismo, el principio central es el mismo: la fe en Jesucristo como salvador y la adhesión a su palabra. Para muchas personas, el *kemetismo* ofrece un camino más tolerante e inclusivo hacia la espiritualidad. En un mundo cada vez más dividido, el *kemetismo* ofrece una oportunidad única para que personas de todos los orígenes se reúnan y adoren como uno solo.

Semejanzas

Aunque a menudo es eclipsado por el cristianismo, el *kemetismo* comparte varios aspectos con esta religión. He aquí algunos de ellos:

- Tanto el kemetismo como el cristianismo creen en la existencia de uno o varios dioses.
- Ambas religiones enseñan que es importante llevar una vida moralmente buena.
- Tanto el kemetismo como el cristianismo hacen hincapié en la importancia de la comunidad.
- Ambas religiones enseñan que es posible estar en comunión con lo divino.
- Tanto el kemetismo como el cristianismo ven el sufrimiento como una parte necesaria de la experiencia humana.

Diferencias

Sin embargo, a pesar de compartir algunas creencias, el *kemetismo* y el cristianismo son muy diferentes. Mientras que el *kemetismo* se centra en la transformación interior, el cristianismo se ocupa principalmente de la salvación del pecado.

El *kemetismo* y el cristianismo son dos religiones distintas. La primera se basa en la creencia de que existe un Dios Supremo que es responsable de todo en el universo. El cristianismo, en cambio, enseña que existe una Trinidad de tres dioses, separados pero iguales. Los cristianos también creen en el concepto del pecado original, mientras que los *kemetistas* no.

Por último, los *kemetistas* siguen estrictas leyes dietéticas y practican limpiezas rituales, mientras que los cristianos no. Aunque hay muchas diferencias entre estas dos religiones, ambas ofrecen un camino hacia la espiritualidad y una forma de conectar con lo divino.

El *kemetismo* es una antigua religión centrada en la diosa Maat y en el concepto de equilibrio. Esta religión ha experimentado un resurgimiento en los últimos años debido a su carácter integrador y tolerante. Los rituales y creencias del *kemetismo* se centran en la naturaleza, la vida después de la muerte y la moralidad. El *kemetismo* es una religión compleja que sigue siendo estudiada y practicada por muchas personas en la actualidad.

Este capítulo ha proporcionado una visión general de Maat y el *kemetismo*. Se ha explorado la historia, las creencias y las prácticas de esta religión única. En conclusión, el *kemetismo* es una valiosa tradición espiritual que tiene mucho que ofrecer al mundo moderno.

Capítulo 3: Los siete principios y las 42 leyes

Los antiguos egipcios creían en varias cosas que muchos considerarían meras supersticiones. Creían en deidades que regían distintos aspectos de sus vidas y en una vida después de la muerte, en la que serían juzgados por sus actos en esta vida. Los antiguos egipcios tenían un código de conducta para llevar sus vidas de forma que fueran juzgados favorablemente en la otra vida. Este código de conducta se conocía como Maat.

Este capítulo ofrece una visión general de Maat y de los siete principios que representaba. Además, explora la conexión entre Maat y los diez mandamientos, así como las 42 leyes asociadas a este principio. Por último, se explica cómo seguir las leyes de Maat ayudaba a alcanzar una vida pacífica en el más allá.

Los siete principios de Maat

Los antiguos egipcios tenían un complejo sistema de creencias que giraba en torno a la idea del equilibrio. Esta doctrina se conocía como Maat y se reflejaba en todos los aspectos de la vida egipcia. Los siete principios de Maat eran un conjunto de directrices que describían la forma de vivir en armonía consigo mismos y con la comunidad. Estos principios fomentaban la veracidad, la justicia y la compasión y pretendían crear una sociedad basada en el respeto y la cooperación. Los siete principios de Maat son un ejemplo inspirador de cómo diferentes culturas pueden promover la paz y el equilibrio en el mundo. He aquí un breve resumen de cada principio:

1. Verdad

El primer principio de Maat es la verdad. En las creencias del antiguo Egipto, el primer principio de Maat subraya la importancia de la veracidad en todos los aspectos de la vida. Se cree que la honestidad es esencial para crear y mantener relaciones y alcanzar el éxito en cualquier empresa. Al hablar y actuar con integridad, nos alineamos con el Universo y manifestamos nuestros deseos más profundos. Cuando se es sincero, se está alineado con el yo más elevado y con la voluntad Divina.

La pluma de Maat representa el principio de la verdad
Metropolitan Museum of Art, CC0, via Wikimedia Commons:
https://commons.wikimedia.org/wiki/File:Scarab_Inscribed_with_a_Maat_Feather_MET_11.215.2_2_bottom.jpg

Este principio es representado por la pluma de Maat, que se utilizaba en la antigua ceremonia egipcia del pesaje del corazón. En esta ceremonia, el peso de los corazones de los muertos se comparaba con el de la pluma, simbolizando la importancia de la verdad en la otra vida. Quienes habían vivido sus vidas con integridad y habían sido sinceros consigo mismos y con los demás tenían corazones ligeros que se equilibraban fácilmente con la pluma. Quienes habían llevado una vida llena de engaños y mentiras, en cambio, tenían un corazón pesado que inclinaba la balanza.

2. Justicia

El segundo principio de Maat es la justicia. Según las creencias del antiguo Egipto, este principio hace hincapié en la importancia de la justicia en todos los aspectos de la vida. Se cree que todo el mundo debe recibir un trato equitativo y nadie uno preferente. Este principio anima a defender lo que es correcto, incluso cuando es difícil, y a luchar siempre por un mundo justo y equitativo.

Este principio es representado por el bisturí de Maat, que se utilizaba en la antigua ceremonia egipcia de apertura de la boca. En esta ceremonia, se abría la boca del difunto para que pudiera hablar en la otra vida. El bisturí simbolizaba la necesidad de justicia para equilibrar el universo. Quienes habían luchado por la justicia en su vida tenían la boca abierta en la otra vida. A quienes habían oprimido a otros, en cambio, se les cerraba la boca.

3. Equilibrio

El tercer principio de Maat es el equilibrio. Según las creencias del antiguo Egipto, este principio subraya la importancia de mantener el equilibrio en todos los aspectos de la vida. Se cree que todo existe en un estado de equilibrio que debe respetarse. Este principio anima a crear armonía y a evitar comportamientos excesivos que conduzcan al desequilibrio.

Este principio está representado por la balanza de Maat, utilizada en la antigua ceremonia egipcia del pesaje del corazón. En esta ceremonia, el peso de los corazones de los muertos se comparaba con el de una pluma para simbolizar la necesidad de equilibrio en la otra vida. Se creía que quienes habían vivido en armonía consigo mismos y con la comunidad tenían corazones ligeros que se equilibraban fácilmente con la pluma. Quienes habían llevado una vida de caos y desorden, en cambio, tenían un corazón pesado que inclinaba la balanza hacia su lado.

4. Orden

El cuarto principio de Maat es el orden. En las creencias del antiguo Egipto, el cuarto principio de Maat subraya la importancia de la organización en todos los aspectos de la vida. Se cree que una vida ordenada conduce a un universo ordenado. Este principio anima a mantener la vida en orden para crear un mundo lo más armonioso posible.

Este principio es representado por el cetro de Maat, que se utilizaba en la antigua ceremonia egipcia del pesaje del corazón. En esta ceremonia, los corazones de los muertos se ponían en una balanza contra una pluma para simbolizar la necesidad de equilibrio en la otra vida. Se creía que quienes habían llevado una vida ordenada tenían un corazón ligero que se equilibraba fácilmente con la pluma. Quienes habían llevado una vida caótica y desordenada, en cambio, tenían un corazón pesado que inclinaba la balanza hacia su lado.

5. Armonía

El quinto principio de Maat es la armonía. Según las creencias del antiguo Egipto, este principio subraya la importancia de vivir en armonía consigo mismo, con los demás y con el entorno. Se cree que las relaciones armoniosas conducen a un universo ordenado. Este principio, representado por la pluma de avestruz de Maat, anima a construir relaciones basadas en el respeto y la comprensión para crear un mundo lo más equilibrado posible.

A nivel personal, este principio se refiere a la necesidad de equilibrar la vida y no apegarse a las posesiones materiales. Esto incluye mantener un estilo de vida saludable, pasar tiempo con los seres queridos y retribuir a la comunidad. A mayor escala, la armonía se refiere a la necesidad de mantener el equilibrio en el mundo. Esto incluye respetar el entorno natural, trabajar por la justicia social y promover la paz. Viviendo en armonía consigo mismo y con el mundo circundante, se contribuye a crear un mundo más justo y pacífico.

6. Moral

El sexto principio de Maat es la moralidad. En las creencias del antiguo Egipto, este principio enfatiza en la importancia de llevar una vida moral. Anima a comportarse moralmente para crear un mundo más justo en la actualidad y para las generaciones futuras. Este principio se refleja en el famoso dicho «haz a los demás lo que quieras que te hagan a ti». En otras palabras, se debe tratar a los demás con compasión y respeto, tal y como se querría ser tratado. Este principio también incluye la idea de evitar causar daño a los demás y mantener un mundo equilibrado y pacífico.

Este principio está representado por el *ankh* de Maat, que simboliza la vida y la resurrección. En el antiguo Egipto, el *ankh* se utilizaba a menudo como símbolo de poder y autoridad. También era un símbolo de esperanza y renovación, ya que representa el ciclo de la vida. Este principio recuerda que los actos tienen consecuencias, tanto para uno mismo como para los demás. Hay que esforzarse siempre por comportarse de forma moralmente correcta para crear un mundo mejor para todos.

7. Respeto

El séptimo y último principio de Maat es el respeto. Esto incluye respetarse a uno mismo, a los demás y al mundo natural. También incluye vivir en armonía con el orden divino del universo. En el antiguo Egipto, este principio estaba estrechamente relacionado con el estatus social y la reputación. Quienes se comportaban correctamente eran considerados dignos de respeto, mientras que quienes no lo hacían eran vistos con recelo y desdén. Este principio sigue vigente hoy en día. En un mundo en el que los actos suelen ser vistos y juzgados por los demás, el comportamiento de cada uno tiene un impacto duradero en su reputación. Comportándose correctamente, se puede demostrar que se es respetuoso y digno de confianza.

Este último principio es una llamada a la acción. Pide considerar cuidadosamente las palabras y acciones y esforzarse siempre por tener un comportamiento respetuoso y adecuado. Muchos de los principios de Maat están interconectados, y este principio final recuerda que las acciones tienen impacto en quien las ejerce, en los demás y en el mundo alrededor. Hay que esforzarse siempre por tener un comportamiento moral y justo para crear un mundo más pacífico y armonioso.

Ejercicio

Aunque los principios de Maat parecen sencillos, constituyen la base para vivir una vida moral y justa. ¿Cuál cree que es el principio más importante de Maat? ¿Por qué? ¿Qué significa para usted? ¿Cómo puede aplicarlo a su vida?

Para ayudarle a reflexionar sobre estas cuestiones, considere la siguiente situación:

Está en una fiesta con amigos y ve a alguien al otro lado de la sala que parece incómodo. Se da cuenta de que esa persona no está bebiendo y parece estar buscando la manera de irse. ¿Qué debe hacer?

Si ve a alguien en una fiesta que está solo y parece incómodo, lo mejor que puede hacer es ir a hablar con él. Preséntese e intente hacerlo sentir cómodo. Ofrézcase a traerle algo de beber o de comer, y ayúdele a encontrar la manera de disfrutar de la fiesta. Los principios de Maat animan a comportarse siempre de forma respetuosa y compasiva. Al hablar con la persona y buscar que se sienta más cómoda, está siguiendo el principio del decoro y contribuyendo a crear un mundo más armonioso.

Siempre que se encuentres en una situación en la que no esté seguro de qué es lo mejor que puede hacer, hágase las siguientes preguntas:
- ¿Cuál es el impacto de mis acciones en mí mismo, en los demás y en el mundo que me rodea?
- ¿Cómo puedo vivir en armonía conmigo mismo y con el mundo que me rodea?
- ¿Qué significa comportarse moralmente?
- ¿Cuál es el mejor modo de respetar a los demás?

Hacerse estas preguntas le ayudará a tomar la mejor decisión posible en cualquier situación.

Relación entre los diez mandamientos y los principios de Maat

Existen muchas similitudes entre los diez mandamientos y los principios de Maat. Ambos sistemas éticos hacen hincapié en la importancia de la verdad, la justicia y la integridad personal. Además, ambos subrayan la importancia de tratar a los demás con respeto y compasión. Sin embargo, también existen algunas diferencias clave entre los dos sistemas. Por ejemplo, mientras que los diez mandamientos se centran en prevenir el daño a los demás, los principios de Maat enfatizan en la necesidad de ayudar activamente. Además, mientras que los diez mandamientos se ocupan principalmente de asuntos terrenales, los principios de Maat también abarcan principios espirituales. Aunque ambos sistemas éticos son muy similares en muchos aspectos, tienen algunas diferencias clave.

Los principios de Maat proporcionan un sistema ético integral para guiar el comportamiento tanto en la vida personal como en la profesional. Algunos de los beneficios clave de este sistema incluyen la verdad, la justicia y la integridad personal. Además, los principios de Maat animan a tratar a los demás con respeto y compasión. Siguiendo estos principios, se crea un mundo más pacífico y armonioso para la actualidad y para las generaciones futuras.

Cómo ayudan las leyes de Maat en el paso a la otra vida

Las leyes de Maat están estrechamente relacionadas con las confesiones negativas, una serie de 42 afirmaciones que recitaban los muertos durante su viaje por el inframundo. Las confesiones negativas eran una especie de brújula moral para los muertos y a partir de ellas los dioses determinaban si el difunto había llevado una buena vida o no. Los asesores, que eran un grupo de 42 dioses, se encargaban de juzgar a los muertos. Cada dios representaba una de las 42 leyes de Maat, y determinaban si el difunto había seguido o no esa ley en particular. Si el difunto cumplía las 42 leyes, se le permitía entrar en la otra vida. En cambio, si violaba alguna de las leyes, era enviado al inframundo, donde sería castigado por sus crímenes.

Las 42 leyes de Maat son un código moral que ayuda a vivir bien. Estas leyes fomentan la honestidad, la compasión, la justicia y el equilibrio. Si se siguen, estas leyes evitan cometer crímenes e invitan a vivir en armonía con los demás. Las leyes de Maat también ayudan a alcanzar el equilibrio.

Las 42 Leyes de Maat se dividen en siete categorías, que son:

1. Maat, verdad, justicia y equilibrio.
2. Familia, matrimonio e hijos.
3. Comunidad y patria.
4. Trabajo y negocios.
5. Riqueza y propiedad.
6. Salud y bienestar.
7. Espiritualidad y religión.

Cada una de estas categorías contiene seis leyes, lo que lleva a un total de 42. Es importante seguir todas las leyes de cada categoría para lograr el equilibrio en la vida. Las leyes guían una buena vida y evitan cometer delitos. Además, fomentan el equilibrio en la propia vida.

Las 42 leyes de Maat

Las 42 leyes de Maat son antiguas directrices egipcias para llevar una vida buena y virtuosa. Abarcan una amplia gama de temas, desde la honradez y la justicia hasta el respeto a los mayores y al medio ambiente. Aunque algunas de las leyes pueden parecer anticuadas, muchas de ellas siguen siendo relevantes hoy en día. Por ejemplo, la ley que establece que no se debe tomar lo ajeno es tan relevante hoy como lo era hace miles de años. Del mismo modo, la que exige tratar a los demás con respeto es tan importante hoy como lo era en la antigüedad. Siguiendo las 42 leyes de Maat, se vive la vida según los valores de una cultura antigua y sabia. He aquí las 42 leyes de Maat:

1. No pecar.
2. No robar.
3. No matar.
4. No mentir.
5. No engañar.
6. No levantar falso testimonio contra otros.
7. No robar comida.
8. No cometer adulterio.
9. No codiciar a la pareja de alguien más.
10. No ser desobediente.
11. No ser rebelde.
12. No ser deshonesto.
13. No ser falso.
14. No ser vulgar.
15. No ser impúdico.
16. No ser perezoso.
17. No hacer daño a las otras personas.
18. No quitar la comida a los niños.
19. No quitar a nadie su ración de comida.
20. No robar pan.
21. No ser avaro.
22. No robar agua.
23. No malgastar ni destruir lo que se recibe.
24. No hablar mal de otros.
25. No levantar la voz con ira.
26. No usar lenguaje abusivo.
27. No maldecir.
28. No ser arrogante.

29. No hablar con engaño o falsedad.
30. No calumniar.
31. No enfadarse sin justa causa.
32. No vengarse.
33. No infringir castigo a otros sin justa causa.
34. No planear ni desear el mal a nadie.
35. No insultar o humillar a otros.
36. No comportarse con violencia u odio.
37. No asesinar ni desear la muerte a nadie.
38. No oprimir ni perseguir a nadie.
39. No robar ni engañar a nadie.
40. No forzar a nadie a mantener relaciones sexuales.
41. No participar ni beneficiarse de la esclavitud de nadie.
42. No saquear ni abrir tumbas ajenas.

Las 42 leyes de Maat siguen siendo relevantes hoy en día, ya que proporcionan una brújula moral para tomar buenas decisiones en la vida. Siguiendo estas leyes, se vive según los valores de una cultura antigua y sabia.

El significado del número 42

El número 42 es significativo en muchas culturas, como la egipcia, la griega y la maya. En la mitología egipcia, los dioses representados por las 42 leyes de Maat eran los responsables de juzgar a los muertos. En la mitología griega, el número 42 se asociaba a la historia de Edipo, que mató a su padre y se casó con su madre. En la mitología maya, los dioses crearon el mundo en 42 días.

El número 42 también tiene un papel importante en las matemáticas y la ciencia. En matemáticas, es un número perfecto, lo que significa que es igual a la suma de sus divisores. El número 42 también es único, ya que es el único número que es el producto de dos números primos consecutivos. En la ciencia, es el número atómico del molibdeno, un elemento químico que se utiliza en diversas aplicaciones, como la producción de acero.

En el papiro de Nebseni, escrito alrededor del año 1350 a. C., hay una lista de 42 confesiones negativas que los muertos deben recitar para entrar en la otra vida. Estas confesiones son muy similares a las 42 leyes de Maat y sirven como recordatorio de la importancia de vivir una buena vida.

El papiro de Ani es un antiguo texto funerario egipcio que fue escrito alrededor del año 1240 a. C. En él hay una frase que dice: «El cielo está en conocer a Maat». La palabra «Maat» hace referencia a la verdad, la justicia y el equilibrio. También es el nombre de la diosa que personifica estos conceptos.

El número 42 se asocia a menudo con esta afirmación, ya que es el número de jeroglíficos que componen la palabra «Maat». Independientemente de su significado, la afirmación «El cielo está en conocer a Maat» es un poderoso recordatorio de vivir una vida basada en la verdad, la justicia y el equilibrio.

Las leyes y los principios rigen nuestras vidas, nos demos cuenta o no. Hay leyes básicas que garantizan la seguridad pública y también hay principios morales que guían nuestro comportamiento. Las 42 leyes de Maat son un antiguo código de conducta egipcio para vivir la vida según los valores de una cultura sabia y antigua. Siguiendo estas leyes, se vive según los principios de la verdad, la justicia y el equilibrio.

Capítulo 4: Deidades sagradas y cómo honrarlas

El *kemetismo* es una antigua religión egipcia que se practica desde hace más de 5.000 años. Es una politeísta, reconoce la existencia de muchos dioses y diosas. Maat es un concepto central del *kemetismo* y a menudo se describe como el principio de la verdad, el equilibrio, el orden, la armonía, la ley y la justicia. *Maat* está representado por la diosa Maat, responsable de garantizar el equilibrio del universo.

El concepto de *Maat* está estrechamente vinculado a los dioses y diosas del *kemetismo*, ya que son los responsables de mantener el equilibrio en el universo. Este capítulo trata de las tres deidades principales del *kemetismo*: Osiris, Isis y Horus. También explora el papel de *Maat* en el *kemetismo* y cómo los dioses y diosas están conectados con él. Por último, damos consejos sobre cómo conectar con las deidades y qué ofrendas prefieren.

El concepto de las deidades en el *kemetismo*

El *kemetismo* es una religión politeísta que reconoce la existencia de muchos dioses y diosas. El número de deidades veneradas varía en función de la tradición o corriente concreta. Sin embargo, algunas deidades son adoradas por la mayoría de los *kemetistas*. El *kemetismo* no impone el culto a ninguna deidad específica. En su lugar, es el individuo quien elige la deidad que desea en función de sus propias preferencias y creencias.

Los dioses y diosas del *kemetismo* pueden dividirse en dos categorías principales: *netjeru* (dioses) y *netjetru* (diosas). Los *netjeru* suelen asociarse con el poder, mientras que los *netjetru* están relacionados con el amor y la fertilidad. Los *netjeru* suelen representarse como animales, mientras que los *netjetru* suelen ser humanos. Sin embargo, no siempre es así. Por ejemplo, a veces se representa a Isis como un pájaro o un gato, mientras que a Horus se le representa como un ser humano. Echemos un vistazo más de cerca a los *Netjeru* y los *Netjetru*.

Netjeru

Los *netjeru* son los dioses del *kemetismo*. Se les suele asociar con el poder, la fuerza y la virilidad. A menudo se considera que los *netjeru* son los protectores del *kemetismo* y sus seguidores. El término *netjeru* proviene de la palabra del antiguo Egipto *ntr*, que significa dios. La palabra *ntr* también puede traducirse como rey, gobernante o señor. Algunos de los *netjeru* más populares son:

- **Osiris:** Dios de la muerte y del inframundo.
- **Horus:** Dios del cielo, el sol y la guerra.
- **Anubis:** Dios de la muerte y del inframundo.
- **Ptah:** Dios de los constructores y artesanos.

Netjetru

Las *netjetru* son las diosas del *kemetismo*. Se las suele asociar con el amor, la fertilidad y la maternidad. A menudo se considera que las *netjetru* son las cuidadoras del *kemetismo* y sus seguidores. El término *netjetru* procede del egipcio antiguo *ntrt*, que significa diosa. La palabra *ntrt* también puede traducirse como señora, reina o gobernante. Algunas de las *netjetru* más populares son:

- **Isis**: Diosa de la fertilidad, la maternidad y la magia.
- **Bast:** Diosa de los gatos, la protección y la fertilidad.
- **Hathor:** Diosa del amor, la belleza y la música.
- **Sekhmet:** Diosa de la guerra y la destrucción.

Osiris

Osiris, dios de la muerte y el inframundo
Autor desconocido, CC0, via Wikimedia Commons:
https://commons.wikimedia.org/wiki/File:The_Sacred_Books_and_Early_Literature_of_the_East,_vol._2,_pg._64-65,_Osiris.jpg

En el *kemetismo*, Osiris es el dios del inframundo y de los muertos. Se le suele representar como un hombre de piel verde con una corona faraónica. A menudo aparece sosteniendo un bastón o cetro. Osiris es el esposo de Isis y el padre de Horus. También es hermano de Set. Es también el dios de la fertilidad y la agricultura. La piel verde con la que a menudo se le representa simboliza la nueva vida y el crecimiento. Se dice que Osiris creó el río Nilo, esencial para la fertilidad del antiguo Egipto.

Culto

Osiris era muy popular en el antiguo Egipto. Su culto comenzó en el periodo predinástico y continuó hasta la época romana. Su templo de Abydos era uno de los más importantes del antiguo Egipto. Era un lugar de peregrinación para los egipcios que querían honrar a sus antepasados muertos. Osiris era adorado como parte de una tríada con Isis y Horus. Sin embargo, también se le rendía culto en solitario. Su culto se extendió a otras partes del mundo, como Grecia y Roma.

Símbolos y correspondencias

- **Color:** Verde
- **Planeta:** Mercurio
- Elemento: Tierra
- Día de la semana: Miércoles
- Número: 4
- Animal: Toro
- Planta: Maíz

Rol en el kemetismo

Osiris es el señor del inframundo y juez de los muertos en la mitología del antiguo Egipto. Fue asesinado por su hermano Set, que desmembró su cuerpo y esparció los trozos por todo Egipto. Isis, la esposa de Osiris, encontró los trozos y los volvió a unir. Con la ayuda de Anubis, embalsamaron el cuerpo de Osiris y lo devolvieron a la vida. Osiris se convirtió entonces en el dios del inframundo y de los muertos. A menudo se le representa como protector de los difuntos y juez de los muertos. En algunos mitos, se dice que ofrece guía y sabiduría a los muertos en su viaje al más allá.

Consejos para conectar con Osiris

- **Visitar su templo en Abydos:** Este es uno de los templos más importantes dedicados a Osiris. Es un lugar de peregrinación para muchos *kemetistas*.
- **Hacer ofrendas:** Se pueden hacer ofrendas a Osiris el día de su fiesta, que se celebra el cuarto día del mes de *choiak*. Las ofrendas pueden incluir comida, flores e inciensos.
- **Rezar:** Puede rezar a Osiris para recibir guía, protección y sabiduría.
- **Meditar:** Puede meditar en los mitos y leyendas de Osiris para aprender más sobre él.
- **Hacer un altar:** Puede crear un altar para Osiris en su casa. Puede ser tan simple o tan elaborado como usted quiera.
- **Escribir un himno:** Puede escribir un himno o un poema en honor a Osiris.

- **Dibujar o pintar:** Puede dibujar o pintar a Osiris. Es una forma de conectar con su lado creativo.
- **Bailar:** Puede bailar en honor a Osiris. Es una forma de conectar con su energía y su poder.
- **Cantar:** Puede cantar en honor a Osiris. Es una forma de conectar con su lado creativo.
- **Tocar música:** Dado que es el dios de la música, puede tocar música en honor a Osiris. Es una forma de conectar con su lado creativo.

Independientemente del método que elija para conectar con Osiris, lo más importante es que sea sincero en su deseo de conectar con él. Es más probable que los dioses respondan a quienes son sinceros en su adoración.

Isis

Isis, diosa de la fertilidad, la maternidad y la magia

Jeff Dahl, CC BYSA 4.0 <https://creativecommons.org/licenses/by-sa/4.0>, via Wikimedia Commons: https://commons.wikimedia.org/wiki/File:Isis.svg

Isis es la diosa de la fertilidad, la maternidad y la magia en el *kemetismo*. Se suele representar como una mujer de piel negra y pelo largo. A menudo tiene un tocado en forma de trono. Es la esposa de Osiris y la madre de Horus. También es diosa de la curación y la protección.

Adoración

Isis era muy popular en el antiguo Egipto. Su culto comenzó en el periodo predinástico y continuó hasta la época romana. Su templo de Filae era uno de los más importantes del antiguo Egipto. Era un lugar de peregrinación para los egipcios que querían honrar a sus antepasados muertos. Isis era venerada en tríada con Osiris y Horus. Sin embargo, también se la veneraba en solitario. Su culto se extendió a otras partes del mundo, como Grecia y Roma.

Símbolos y correspondencias

- **Color:** Verde
- Planeta: Venus
- Elemento: Agua
- Día de la semana: Viernes
- Número: 7
- Animal: Vaca
- Planta: Loto

Rol en el kemetismo

Isis es la diosa de la fertilidad, la maternidad y la magia en el *kemetismo*. Es la esposa de Osiris y la madre de Horus. También es diosa de la curación y la protección. En algunos mitos, resucitó a su marido, Osiris, después de que Set lo matara. A menudo se representa como una mujer de piel negra y pelo largo. Suele aparecer con un tocado en forma de trono.

Consejos para conectar con Isis

- **Visitar su templo en Philae:** Este es uno de los templos más importantes dedicados a Isis. Era un sitio de peregrinación para los egipcios que querían honrar a sus ancestros muertos.
- **Hacer ofrendas:** Se pueden hacer ofrendas a Isis el día de su fiesta, que se celebra el quinto día del mes de *choiak*. Las ofrendas pueden incluir comida, flores e incienso.
- **Rezar:** Puede rezar a Isis pidiéndole guía, protección y sabiduría.

- **Meditar:** La meditación sirve para conectar con Isis a un nivel más profundo. Medite sobre su imagen o a orillas del río Nilo.
- **Leer sobre ella:** Lea sobre Isis en libros de mitología e historia. Esto le ayudará a comprenderla mejor.
- **Escribir sobre ella:** Escribir sobre Isis es una forma de conectar con ella en un nivel personal. Escriba sobre sus experiencias, sus plegarias y sus ofrendas.
- **Hacer arte:** Crear arte sobre Isis es una forma de conectar con ella. Dibuje, pinte o esculpa su imagen.
- **Usar sus símbolos:** Usar los símbolos de Isis le ayudará a sentirla más cerca. Los símbolos más comunes incluyen el *ankh*, el ojo de Horus y la flor de loto.
- **Hacer música:** Hacer música dedicada a Isis es una forma de conectar con ella. Puede cantar, tocar instrumentos o escuchar música sobre ella.
- **Bailar:** Bailar es una forma de conectar con Isis a nivel físico. Baile en su honor y al ritmo de su música.

Con estos consejos, puede conectar con Isis y desarrollar una relación con esta diosa. Lo más importante es que sus acciones sean respetuosas y sinceras. Demuéstrele a Isis que se dedica y que quiere aprender más sobre ella. A medida que lo haga, ella comenzará a revelarse ante usted. Isis es una diosa que da la bienvenida a todos los que la buscan. Es una diosa amorosa y compasiva que lo guiará en su viaje. Hónrela y ella lo honrará.

Horus

Horus, dios del cielo, la guerra y la caza

Jeff Dahl, CC BYSA 4.0 <https://creativecommons.org/licenses/by-sa/4.0>, via Wikimedia Commons: https://commons.wikimedia.org/wiki/File:Horus_standing.svg

Horus es el dios del cielo, la guerra y la caza en el *kemetismo*. Se le suele representar como un hombre con cabeza de halcón. Horus era hijo de Isis y Osiris. También era hermano de Set y Neftis. En algunos mitos, Horus luchó contra Set para vengar la muerte de su padre. En otros mitos, era el juez de los muertos en el inframundo. Horus suele aparecer como un hombre con cabeza de halcón o como un halcón. A veces también se le representa como un león o un toro.

Adoración

Horus era venerado en todo el antiguo Egipto. Su centro de culto estaba en Edfu, donde hay un templo dedicado a él que es uno de los mejor conservados de Egipto. Horus también era venerado en Nekhen, donde se le representaba como un hombre con cabeza de halcón. También se le veneraba en Buto y Dendara. En la época romana, Horus fue sincretizado con el dios Apolo. La forma griega de su nombre es Horos.

Símbolos y correspondencias

- Color: Rojo
- Planeta: Marte
- Elemento: Fuego
- Día de la semana: Martes
- Número: 4
- **Animal:** Halcón
- Planta: Trigo

Rol en el kemetismo

Horus era uno de los dioses más importantes de la antigua religión egipcia. A menudo se le representaba como un halcón o como un hombre con cabeza de halcón. Horus era el dios del cielo y también se le asociaba con el sol, la luna y las estrellas. A menudo se le consideraba el protector de Egipto y se le veneraba como dios protector de la realeza y la victoria. Los antiguos egipcios creían que Horus les ayudaría a derrotar a sus enemigos y a alcanzar el éxito en sus empresas. En muchos sentidos, Horus era un símbolo de esperanza y fuerza para el pueblo egipcio.

Consejos para conectar con Horus

- **Hacer ofrendas:** Se pueden hacer ofrendas a Horus el día de su fiesta, que se celebra el primer día del mes de *thoth*. Las ofrendas pueden incluir comida, bebida e incienso.
- **Rezar:** Puede rezar a Horus para pedirle guía, protección y fuerza.
- **Meditar:** Meditar en la imagen de Horus ayuda a sentirse más cerca de él y a comprender mejor sus energías.
- **Leer sobre él:** Leer sobre la deidad con la que quiere conectar es una buena forma de aprender sobre ella. Puede leer mitos, leyendas o historias sobre la religión y la historia egipcia y

aprender más sobre Horus.

- **Visitar un templo:** Si tiene la suerte de vivir cerca de un templo egipcio o de uno que rinda culto a Horus, puede visitarlo y participar en los rituales y ofrendas que allí se realizan. Es una forma estupenda de conectar con la energía de la deidad.
- **Hacer arte:** Puede crear arte en honor a Horus. Puede ser cualquier cosa, desde pintura y escultura hasta música y danza.

Siguiendo estos consejos, puede desarrollar una relación con Horus. Independientemente de cómo elija conectar con él, recuerde que es una deidad poderosa y benévola que puede ofrecerle guía y fuerza.

Bast

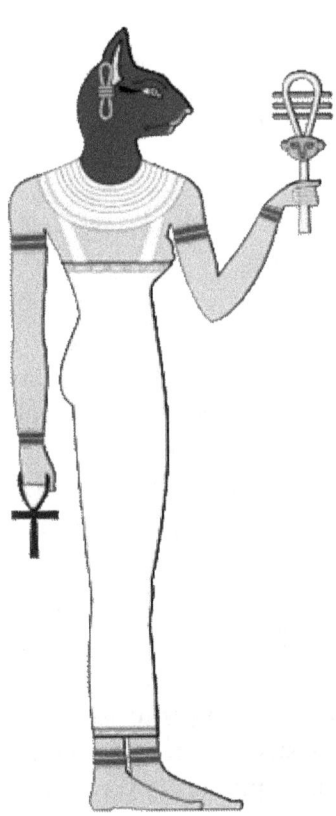

Bast, diosa de los gatos, la protección, la fertilidad y el hogar
FDRMRZUSA, CC BYSA 4.0 <https://creativecommons.org/licenses/by-sa/4.0>, via Wikimedia Commons: https://commons.wikimedia.org/wiki/File:Bastet_mirror.svg

Bast es la diosa de los gatos, la protección, la fertilidad y el hogar en el *kemetismo*. Se suele representar como una mujer con cabeza de gato o leona. Bast era hija de Ra e Isis. También era hermana de Horus y Set. En algunos mitos, Bast protegió a Ra de la serpiente Apep. En otros, era la diosa del hogar. A veces también se representa como una vaca o una serpiente.

Adoración

Bast era venerada en todo el antiguo Egipto. Su centro de culto estaba en Bubastis, donde su templo era uno de los más grandes y elaborados. También se le rendía culto en Sekhmet, donde se la representaba como una leona. En la época romana, Bast fue sincretizada con la diosa Diana.

Símbolos y correspondencias

- Color: Rojo
- Planeta: Marte
- Elemento: Fuego
- Día de la semana: Martes
- Número: 9
- Animal: Gato
- Planta: Trigo

Rol en el *kemetismo*

En el *kemetismo*, Bast es la diosa de los gatos, la fertilidad, la danza y la música. También se la conoce como la Dama de oriente y se la asocia con el dios del sol, Ra. Como diosa de los felinos, Bast se representa como una gata negra o una leona. A veces se representa también como una mujer con cabeza de gato o como un gato con cabeza de mujer. En su papel de diosa de la fertilidad, es responsable de proporcionar alimento y vestidos al pueblo egipcio.

También se creía que protegía a las mujeres durante el parto y las ayudaba en su viaje al más allá. Como diosa de la danza y la música, Bast proporcionaba alegría y placer a quienes la veneraban. Además de sus muchas funciones, era considerada protectora del hogar y la familia. En el *kemetismo* se la honra por sus numerosas cualidades y su capacidad para traer felicidad y abundancia a quienes la veneran.

Consejos para conectar con Bast

- **Hacer ofrendas:** Se pueden hacer ofrendas a Bast en su fiesta, que se celebra el quinto día del mes de *hathor*. Las ofrendas

pueden incluir comida, bebida e incienso.
- **Rezar:** Se puede rezar a Bast para pedirle guía, protección, fertilidad y abundancia.
- **Hacer arte:** Dibuje, pinte o esculpa imágenes de Bast. Cree altares o santuarios dedicados a ella.
- **Bailar:** La danza es una forma de oración y puede utilizarse para elevar la energía y conectar con la diosa.
- **Escribir:** Escriba cuentos, poemas o canciones sobre Bast.
- **Meditar:** Bast es una diosa solar y puede meditar en su imagen para conectar con su energía.
- **Celebrar:** Celebre la fiesta de Bast con una pequeña ceremonia en su honor. Puede encender velas, rezar oraciones y hacer ofrendas

Bast es una diosa feroz y poderosa que ofrece a sus devotos guía, protección y abundancia. Si busca una conexión con Bast, estos consejos pueden ayudarle a empezar.

Hathor

Hathor, diosa del amor, la fertilidad, la música y la danza
https://commons.wikimedia.org/wiki/File:Hathor-Meyers.png

Hathor es la diosa del amor, la belleza, la fertilidad, la música y la danza en el *kemetismo*. Se la suele representar como una mujer con cabeza de vaca o como una vaca. Hathor era hija de Ra e Isis. También era hermana de Horus y Set. En algunos mitos, Hathor es la madre de Horus. En otros, es la amante de Set. Hathor está asociada con el planeta Venus.

Adoración

Hathor era venerada en todo el antiguo Egipto. Sus centros de culto estaban en Dendera y Filae. También se rendía culto a Hathor en Sekhmet, donde se la representaba como una leona. En la época romana, era la diosa del amor y el placer y su culto era popular entre hombres y mujeres. El culto a Hathor era especialmente importante en la ciudad de Dendera, donde su templo era uno de los más grandes y magníficos de todo Egipto. Hoy en día, Hathor sigue siendo venerada por mucha gente y su imagen puede verse en obras de arte, joyas y estatuas de todo el mundo.

Símbolos y correspondencias

- **Color:** Verde
- Planeta: Venus
- Elemento: Tierra
- Día de la semana: Viernes
- Número: 7
- Animal: Vaca
- Planta: Loto

Rol en el kemetismo

Hathor era una diosa importante en la religión del antiguo Egipto y desempeñaba un papel fundamental en el *kemetismo*, las creencias y prácticas religiosas del pueblo kemetista. Se la solía representar como una vaca o una mujer con cabeza de vaca y se asociaba con la fertilidad, la maternidad, el amor, la música y la danza.

Hathor estaba asociada con Ra, el dios del sol, y a veces se decía que era su hija. También se la relacionaba con la diosa Isis y se decía que era su hermana. Hathor era venerada en todo Egipto, y su centro de culto estaba en Dendera. Los kemetistas honran a Hathor a través de la música, la danza y otras actividades creativas.

Consejos para conectar con Hathor
- **Hacer ofrendas:** Se pueden hacer ofrendas a Hathor en su fiesta, que se celebra el día 15 del mes de *hathor*. Las ofrendas pueden incluir flores, incienso y leche.
- **Escribir un himno:** Se puede escribir un himno a Hathor y recitarlo como parte de las oraciones diarias.
- **Hacer arte:** Dibujar o pintar imágenes de Hathor es una forma de práctica devocional.
- **Bailar:** Hathor está asociada con la música y la danza, por lo que incorporar estas actividades a sus prácticas devocionales es una forma de conectar con ella.
- **Llevar sus símbolos:** Llevar joyas o amuletos que representen los símbolos de Hathor ayuda a sentirse más cerca de ella.

Hathor es una diosa a la que se puede honrar de muchas maneras. Si quiere conectar con ella, considere hacer ofrendas, escribir un himno, crear arte, bailar o llevar sus símbolos. Al incorporar estas actividades a sus prácticas devocionales, crea una fuerte conexión con Hathor.

Una de las grandes ventajas del *kemetismo* es que no impone el culto a ninguna deidad específica. Esto significa que puede centrar su culto en la deidad con la que se sienta más conectado. Tanto si prefiere al radiante dios del sol, Ra; a la poderosa leona, Bast; o al sabio protector, Thoth; hay un lugar para usted en el panteón *kemetista*. Y como el *kemetismo* no es dogmático, usted es libre de cambiar de enfoque a medida que evolucionan sus necesidades espirituales. Como resultado, proporciona un enfoque flexible e inclusivo de la espiritualidad que se adapta para satisfacer sus necesidades cambiantes.

Las deidades sagradas del antiguo Egipto eran, y siguen siendo, muy importantes para quienes las honraban. Proporcionan una conexión con lo divino y ofrecen guía y protección. Si quiere conectar con las deidades sagradas del antiguo Egipto, puede hacerlo mediante ofrendas, escribiendo himnos, creando obras de arte, bailando o llevando sus símbolos. Si incorpora estas actividades a sus prácticas devocionales, podrá conectar fuertemente con las deidades sagradas del antiguo Egipto.

Capítulo 5: Honrar a *Akhu*, nuestros ancestros

La veneración de los ancestros es una parte importante de la espiritualidad del antiguo Egipto y de muchas otras tradiciones espirituales africanas. El término «*Akhu*» se refiere a los antepasados del antiguo Egipto, a quienes se honra por su conexión con los dioses, su sabiduría, fuerza, protección, amor, compasión, inspiración, esperanza, alegría, orgullo, identidad cultural e identidad espiritual. Hay muchas formas de honrar a los *akhu*; algunos de los métodos más populares incluyen ofrecerles comida y bebida, encender velas o inciensos para ellos y escribir sus nombres en libros espirituales. Este capítulo explora el concepto de *akhu*, por qué estas entidades son importantes y cómo hacerles ofrendas.

Akhu - Los ancestros del antiguo Egipto

Los *akhu* eran los ancestros del antiguo Egipto y se creía que vivían en la Duat, el inframundo. Los *akhu* se representaban a menudo como pájaros o halcones, y su nombre significa «los que son de la luz». Según la creencia egipcia, los *akhu* eran los responsables de guiar al dios del sol, Ra, a través de la Duat cada noche, y también ayudaban a Osiris, el dios de los muertos, a juzgar las almas de los difuntos.

Los *akhu* también estaban asociados con Horus, el dios de la realeza, y se decía que eran sus ojos. En muchos sentidos, los *akhu* representaban todo lo bueno y puro de la sociedad egipcia y eran muy venerados por el pueblo. Con un papel tan importante en la cultura egipcia, no es de extrañar que se pensara que los *akhu* eran seres poderosos que podían interceder por los humanos en la otra vida.

A menudo se invocaba a los *akhu* en conjuros y oraciones y se les hacían ofrendas con la esperanza de que favorecieran a los vivos. También se creía que podían proteger de las fuerzas malignas y para ello se llevaban amuletos con sus imágenes.

¿Por qué son importantes los *akhu*?

Los *akhu* fueron importantes por muchas razones y desempeñaron un papel vital en la espiritualidad del antiguo Egipto. He aquí algunas de las razones más importantes por las que eran parte fundamental de la creencia *kemetista*:

Vínculo con las deidades

Según la antigua creencia egipcia, los *akhu* eran los espíritus de los difuntos que habían pasado al más allá. También se les conocía como los «resplandecientes» o los «muertos benditos». Se creía que moraban en la Duat, el reino de los muertos, y tenían el poder de intervenir en los asuntos de los vivos. Se les podía invocar en busca de ayuda y guía, y a menudo se les representaba como pájaros o animales.

También se creía que los *akhu* eran el vínculo de los vivos con los dioses. Podían llevar plegarias y peticiones a las deidades e interceder por los vivos. De este modo, se constituían como protectores y aliados. Hoy en día, se sigue venerando a los *akhu* como compañeros de la vida y de la muerte. Se cree que siempre están presentes, velando por los vivos y guiándolos en su viaje por este mundo.

Los *akhu* como fuente de guía y sabiduría

Los *akhu* son los espíritus de los muertos que no han podido pasar a la otra vida. Como se cree que saben de los vivos y de los muertos, a menudo se los consulta por su sabiduría y orientación. Los *akhu* desempeñan un papel importante en muchas culturas, pues proporcionan consuelo y apoyo en los duelos y guían a los vivos en los momentos difíciles.

En algunas tradiciones, los *akhu* también se consideran protectores, y se dice que vigilan desde el otro lado. Se crea o no en ellos, es innegable que ofrecen una perspectiva única de la vida y la muerte. Y para quienes están en duelo, proporcionan el consuelo y el apoyo necesarios.

Los *akhu* como fuente de fuerza y protección

Los *akhu* son los espíritus de los ancestros que han pasado a la otra vida. Son una fuente de fuerza y protección y se les puede invocar en caso de necesidad. También protegen a los vivos y se les puede invocar para ahuyentar a las fuerzas del mal. En algunas culturas, también se consideran sanadores y se dice que pueden curar a los enfermos. Se crea o no en ellos, es innegable que los *akhu* son una fuerza poderosa en el reino espiritual. Y para quienes buscan fuerza y protección, son valiosos aliados.

Los *akhu* como fuente de amor y compasión

Los *akhu*, o «almas» en egipcio antiguo, se asocian a menudo con el amor y la compasión. Se considera que son la fuente de estas emociones y de otras cualidades positivas como la lealtad y la fidelidad. Esta conexión se debe a que los *akhu* se consideran seres inmortales y eternos. Como tal, se cree que tienen un profundo conocimiento del amor y la compasión.

Los *akhu* ayudan a las personas a encontrar la luz
https://unsplash.com/photos/5B8Pw-t9_Wo?utm_source=unsplash&utm_medium=referral&utm_content=creditShareLink

Además, se cree que los *akhu* ayudan a superar los retos de la vida y a encontrar el camino de vuelta a la luz. Por esta razón, muchas personas acuden a ellos en busca de guía y apoyo en los momentos difíciles. Aunque los *akhu* se asocian a menudo con el amor y la compasión, también son una poderosa fuerza del bien. Al acudir a ellos en busca de guía, se aprovecha su poder para superar los retos y traer más amor y compasión a la vida.

Los *akhu* como fuente de inspiración

Cada día estamos rodeados de innumerables fuentes de inspiración. Para algunos, puede ser la belleza de la naturaleza, mientras que para otros puede ser una obra de arte o un ser querido. Sin embargo, hay una fuente de inspiración que a menudo se pasa por alto: los *akhu*. En muchas culturas, los *akhu* son honrados y respetados y se busca su guía en tiempos de necesidad. Para quienes creen en ellos, son una poderosa fuente de inspiración.

Inspiran de muchas maneras. Pueden aconsejar y guiar frente a decisiones difíciles. Pueden dar fuerza ante una sensación de extravía o soledad. Y ayudan a ver la belleza de la vida, incluso en los momentos más oscuros. Con apertura a su influencia, los *akhu* ayudan a encontrar esperanza y sentido a la vida. Así que la próxima vez que se sienta perdido o confundido, busque inspiración en los *akhu*. Su guía le ayudará a encontrar el camino de vuelta a la paz y la felicidad.

Los *akhu* como fuente de esperanza

Son un poderoso símbolo de esperanza para el pueblo de Ghana. Durante siglos, la idea de los *akhu* se ha transmitido de generación en generación, como recordatorio de la fuerza y la resistencia del pueblo ghanés. Los *akhu* representan el vínculo inquebrantable entre los vivos y los muertos y se cree que tienen el poder de proteger contra los malos espíritus.

En tiempos difíciles, los *akhu* recuerdan que los ancestros siempre están presentes, vigilan y guían. Son un símbolo de esperanza porque, sean cuales sean los retos, siempre pueden superarse. Los *akhu* son algo más que una parte de la mitología, son un poderoso recordatorio de quiénes somos y de lo que somos capaces de hacer.

Los *akhu* como fuente de júbilo

Los *akhu* se consideran una fuente de alegría y felicidad. En muchas culturas, son honrados y respetados por su capacidad de traer felicidad a la vida. Se cree que los *akhu* tienen el poder de hacer reír en situaciones de depresión y de ayudarnos a ver la belleza de la vida.

Los *akhu* recuerdan que, incluso en los momentos más oscuros, siempre hay algo por lo que estar agradecidos. Con apertura ante la influencia de los *akhu*, se encuentra alegría y felicidad en las cosas más sencillas. Así que la próxima vez que se sienta deprimido, acuérdese de buscar en los *akhu* un poco de alegría. Su presencia en su vida puede marcar la diferencia.

Los *akhu* como fuente de orgullo

Los *akhu* son motivo de orgullo para muchas personas. Tienen una larga y rica historia y son conocidos por sus bellas obras de arte y sus impresionantes joyas. También son conocidos por su carácter amistoso y siempre están dispuestos a ayudar a los necesitados. Además, son conocidos por su amor a la naturaleza y suelen hacer excursiones y campamentos. Los *akhu* son un pueblo orgulloso que siempre será una parte importante de nuestro mundo.

Los *akhu* como fuente de identidad cultural

En la cultura popular, los *akhu* suelen representarse como estrellas brillantes o lámparas encendidas. Para mucha gente, representan una poderosa fuente de identidad cultural. En un mundo en constante cambio, proporcionan una conexión con el pasado y una sensación de estabilidad. Para los egipcios, los *akhu* son un recuerdo de su rica cultura e historia. Ofrecen consuelo y esperanza en tiempos difíciles y traen alegría en tiempos de alegría. Son una parte importante de lo que somos, y siempre estaremos orgullosos de llamarlos nuestros.

Los *akhu* como fuente de identidad espiritual

En muchas culturas, los *akhu* se consideran una fuente de identidad espiritual. Para muchas personas, los *akhu* son un recordatorio de su conexión con lo divino. En la espiritualidad *kemetista*, a menudo se les considera intermediarios entre los vivos y los muertos. Se cree que tienen el poder de guiar en el viaje de la vida y ayudar a encontrar el camino de vuelta a los dioses. Los *akhu* son un poderoso recordatorio de la identidad espiritual y ayudan a conectar con lo divino en momentos de necesidad. Por estas razones, son esenciales en la vida espiritual de muchas personas.

Formas de honrar a los *akhu*

Los *akhu* son honrados en muchas culturas de todo el mundo. En el antiguo Egipto, se les conocía como los «Muertos gloriosos» y se les veneraba como protectores de los vivos. En el Tíbet se les conoce como «*Dewa*» y se cree que son poderosos guardianes del *Dharma*. En Japón, se les conoce como «*Kami*» y se les honra como espíritus de la naturaleza. Hay muchas formas de honrar a los *akhu*, algunas de las más comunes son las ofrendas de comida y bebida, encender velas o lámparas y recitar oraciones o mantras. Al honrarlos, se asegura que su influencia benéfica siga orientando la vida.

1. Ofrendas

Para honrar a los *akhu* y garantizar su buena voluntad, a menudo se les hacían ofrendas. Estas ofrendas adoptaban la forma de comida, bebida o incluso objetos que los *akhu* pudieran encontrar útiles en la otra vida. Lo más importante era que las ofrendas se hicieran con sincero respeto y con el deseo de complacer a los espíritus. Se creía que los *akhu* influían en la vida de los vivos, por lo que era importante apaciguarlos.

Las ofrendas solían hacerse en los funerales, pero también en otros momentos, como cuando alguien iniciaba un nuevo negocio o emprendía un viaje peligroso. Al hacer una ofrenda a los *akhu*, se pedía su protección y guía. A cambio, los *akhu* otorgaban bendiciones a quienes los honraran.

2. Plegarias

En muchas culturas se honra a los *akhu* a través de oraciones. La oración es una forma de mostrar el respeto por los *akhu* y puede utilizarse para solicitar su ayuda y guía. Hay muchas oraciones diferentes para honrar a los *akhu* y cada cultura tiene su forma única de expresar este respeto. Sin embargo, todas las oraciones comparten un objetivo común: mostrar agradecimiento a los antepasados por su guía y expresarles que siempre son recordados.

3. Rituales

En las antiguas prácticas egipcias, las familias realizaban rituales para honrar a sus antepasados y asegurarse de que sus *akhu* les guiara y protegiera de los peligros del inframundo. Uno de estos rituales era la ceremonia de «apertura de la boca», en la que un sacerdote tocaba la boca de una momia con una azuela, una herramienta sagrada utilizada para abrir la boca. Supuestamente, esto permitía al espíritu del difunto hablar y ser escuchado en la tierra de los muertos.

Otros rituales consistían en ofrecer comida y bebida a los *akhu*, recitar hechizos y bailar. Aunque estas prácticas puedan parecer extrañas hoy en día, tenían un propósito importante para los antiguos egipcios. Creían que aseguraban su lugar en la otra vida honrando a sus antepasados.

4. Festivales

Las fiestas en honor de los *akhu* o antepasados son una tradición común en muchas culturas de todo el mundo. Estas fiestas son una forma de recordar y mostrar respeto por quienes han vivido antes. Pueden ser asuntos sombríos o celebraciones alegres. Suelen incluir comidas y bebidas especiales, así como música y danza. Venerar a los antepasados no es solo honrar a los muertos. También consiste en conectar con la herencia y mantener vivas las historias y tradiciones de la cultura.

Para muchas personas, estas fiestas son una parte importante de su identidad y ofrecen la oportunidad de reunirse con otras personas que la comparten. Así que, tanto si asiste a un festival *akhu* como si simplemente honra a sus antepasados, dedique un momento a apreciar la importancia de esta tradición consagrada por el tiempo.

5. Cementerios

En muchas culturas, la vida después de la muerte es una creencia clave y la muerte está rodeada de muchos rituales y tradiciones. Una de estas tradiciones es el cuidado adecuado de los *akhu* o ancestros. Se cree que los *akhu* ayudan a quienes aún viven, pero hay que honrarlos y cuidarlos como es debido. Una forma de hacerlo es a través del cuidado de los cementerios. Los cementerios no son solo un lugar para enterrar a los muertos, sino también para honrarlos.

Manteniendo el cementerio limpio y bien cuidado, se honra a los antepasados y se les demuestra que son recordados. Además, muchos cementerios tienen días o momentos especiales en los que los miembros de la comunidad se reúnen para realizar rituales u ofrendas. Es un momento para agradecer la ayuda de los *akhu* y pedirles que sigan guiando. Cuidando los cementerios, se asegura que los *akhu* sean honrados como es debido y sigan ayudando a los vivos.

6. Altares de ancestros

En muchas culturas del mundo es costumbre honrar a los ancestros. En Egipto, se hacía mediante suntuosas tumbas y templos construidos para albergar los cuerpos y espíritus de los muertos. En China, el culto a los antepasados garantizaba que los difuntos fueran atendidos en la otra vida. Hoy en día, muchas personas mantienen altares para sus ancestros como forma de conectar con sus seres queridos difuntos.

Los descendientes de egipcios suelen decorarlos con imágenes de Anubis, el dios de los muertos. También se dejan ofrendas de comida y bebida para los ancestros y se reza para honrar su memoria. Los *akhu*, o espíritus de los muertos, también son venerados en muchas culturas africanas. Los altares de ancestros desempeñan un papel importante a la hora de mantener la conexión con la propia herencia y garantizar que nunca se olvide el pasado.

7. Genealogías

Los akhu son los espíritus de los antepasados y desempeñan un papel importante en la cultura egipcia. Las genealogías se utilizaban para honrarlos y mantener viva su memoria. También se utilizaban para ayudar a la gente a conectar con su pasado y comprender su lugar en el mundo. Las genealogías se tallaban en piedra o se pintaban en las paredes. En ellas figuraban los nombres de faraones, nobles y otros personajes importantes. También contaban historias sobre acontecimientos famosos. Se puede aprender mucho sobre la historia del antiguo Egipto estudiando estos registros. Las genealogías son una parte esencial del patrimonio y ayudan a conectar con el pasado.

8. Historias

En muchas tradiciones, se cree que los *akhu* ayudan a conectar con los seres queridos fallecidos y a recibir su guía. Por eso, muchas personas los honran contándoles historias. Al compartir historias sobre los ancestros, se mantienen vivos sus recuerdos y su sabiduría perdura. Además, contar historias sobre los *akhu* es una forma de mostrar respeto por su impacto en la vida diaria. Tanto si se comparten anécdotas personales como cuentos populares tradicionales, las historias sobre los *akhu* ayudan a reforzar la conexión con ellos.

9. Arte

Para los antiguos egipcios, la muerte no era el final. Creían en una vida después de la muerte y en que los *akhu*, o espíritus, seguían viviendo. Por eso se preparaban con esmero para el viaje y honraban a sus *akhu* a través del arte. Una de las formas más comunes de hacerlo era crear máscaras funerarias. Estas máscaras estaban hechas de diversos materiales, como madera, piedra y oro. A menudo estaban muy decoradas, con pinturas y jeroglíficos que transmitían mensajes de esperanza y protección.

Las máscaras funerarias tenían fines prácticos y espirituales. Preservaban el cuerpo del difunto y guiaban al *akhu* en su viaje al más allá. Hoy en día, las máscaras funerarias egipcias son algunas de las obras de arte más emblemáticas del mundo. Sirven como recordatorio de las creencias de los egipcios y de su compromiso de honrar a sus muertos.

10. Música

Otra forma de honrar a los *akhu* es a través de la música. Los *akhu* suelen representarse como pájaros, por lo que muchas canciones utilizan cantos de pájaros para invocar su presencia. Otras canciones utilizan la percusión para crear una sensación de movimiento, como si los *akhu* estuvieran bailando. Otras utilizan cánticos y vocalizaciones sin palabras para crear una atmósfera etérea en la que los *akhu* puedan moverse libremente. Sea cual sea el estilo musical utilizado, está claro que la música desempeñaba un papel importante en las creencias del antiguo Egipto.

Qué ofrendar a los *akhu* y cómo hacerlo

Los *akhu* son los espíritus de los antepasados y desempeñan un papel importante en la religión del antiguo Egipto. Se les hacían ofrendas para garantizar su apoyo y protección. Las ofrendas más comunes incluían comida, bebida y restos momificados. Las ofrendas de comida solían colocarse sobre una mesa en la tumba o santuario y las de bebida se vertían en jarras que se enterraban en el suelo. Las ofrendas momificadas solían colocarse en ataúdes o estelas. También se creía que los *akhu* aceptaban ofrendas no físicas, como oraciones e himnos. En general, cuanto más elaborada era la ofrenda, más probabilidades tenía de ser aceptada por los *akhu*.

Cuando se hacen ofrendas a los *akhu*, es fundamental ser respetuoso. Siempre hay que acercarse con las manos limpias y el corazón puro. También es vital dar gracias por la guía y protección de los *akhu*. Las ofrendas deben hacerse con regularidad, no solo cuando se necesita ayuda. Al honrar regularmente a los *akhu*, se muestra agradecimiento por todo lo que hacen.

Adorar y honrar a los *akhu* es una parte importante de la religión del antiguo Egipto. Es una forma de conectar con los antepasados y recibir su guía. Hay muchas formas de honrarlos, como la narración de historias, la música y las ofrendas. Lo más importante es acercarse a ellos con respeto y gratitud. Al hacerlo, se asegura que la conexión con ellos se mantenga fuerte.

Capítulo 6: Construir un santuario

Los santuarios personales son una forma estupenda de conectar con las deidades y antepasados que más aprecia. Al crear un espacio dedicado a ellos, puede crear un lugar de culto y conexión totalmente suyo. No solo eso, sino que los santuarios personales también son increíblemente útiles en momentos de necesidad o dificultad. Al tener un espacio dedicado específicamente a lo divino, puede acudir a él en busca de guía, fuerza y consuelo siempre que lo necesite.

Construir un santuario es un proceso muy personal y no hay una forma correcta de hacerlo. Sin embargo, hay algunas pautas generales que pueden seguirse para crear un espacio sagrado y seguro. En este capítulo, se repasan algunos de los aspectos básicos de la construcción de un santuario, como la elección del lugar, el tipo de objetos a incluir y la forma de cuidarlo. Al final, tendrá todo lo que necesita para tener un espacio personal perfecto para usted y su práctica.

Santuarios o altares personales

Un santuario personal es un espacio dedicado al culto de determinadas deidades o ancestros. Puede ser tan sencillo como una pequeña repisa con unas cuantas estatuas y ofrendas, o tan elaborado como una habitación entera llena de objetos rituales. Los santuarios pueden ser temporales o permanentes, interiores o exteriores, y pueden crearse para cualquier deidad o antepasado que se desee honrar.

Hay muchas razones por las que alguien puede crear un santuario personal. Para algunos, es una forma de conectar diariamente con deidades concretas. Para otros, es una forma de crear un espacio para la reflexión y la contemplación. Y para otros, es una forma de cultivar una sensación de paz y calma en su vida cotidiana. Sean cuales sean sus motivos, crear un santuario personal es una experiencia muy gratificante.

Cómo se usan los santuarios

Los santuarios son habituales en muchas culturas de todo el mundo. Se utilizan con diversos fines, desde honrar a los antepasados hasta protegerse de los malos espíritus. A menudo, los santuarios se construyen para conmemorar acontecimientos o personas especiales. Por ejemplo, en los barrios japoneses es frecuente encontrar santuarios dedicados a los propietarios de negocios exitosos.

Los santuarios también sirven para conmemorar cambios importantes en la vida de alguien. En algunas culturas, se erige un santuario cuando nace un niño y se va ampliando a medida que crece. Los santuarios pueden ser sencillos o elaborados, pero todos sirven para recordar las cosas importantes.

Hay muchas formas de utilizar un santuario personal. Algunos los utilizan para conectar con deidades concretas a diario, mientras que otros los visitan en ocasiones especiales o en días festivos. Los santuarios también se utilizan como espacio de reflexión y contemplación o como lugar para ofrecer oraciones y peticiones.

Lo más importante es que encuentre la forma de utilizar el santuario que mejor se adapte a usted. No hay un modo incorrecto de utilizar un santuario personal, siempre que se acerque a lo divino. A continuación, le ofrecemos algunas ideas para empezar:

1. Utilice su santuario como una forma de conectar diariamente con deidades específicas. Puede hacerlo mediante plegarias, ofrendas o simplemente pasando tiempo en él.

2. Utilice su santuario como espacio de reflexión y contemplación. Para ello, pase tiempo meditando delante de él o úselo como lugar de escritura de un diario sobre su viaje espiritual.

3. Utilice su santuario como lugar para ofrecer oraciones y peticiones. Para ello, escriba sus peticiones y colóquelas delante de su santuario o pronúncielas en voz alta mientras está ahí.

4. Utilice su santuario para cultivar una sensación de paz y calma en su vida cotidiana. Para ello, pase un rato delante de él cada día o utilícelo como lugar de retiro cuando necesite un momento de paz.

5. Utilice su santuario para conectar con sus antepasados. Puede hacerlo colocando fotos u objetos que les pertenecieron delante de él u ofreciéndoles oraciones y libaciones.

Construir un santuario: Instrucciones paso a paso

Si quiere construir un santuario, las siguientes son instrucciones sencillas que pueden ayudarle a empezar.

1. Elegir la ubicación

A la hora de elegir la ubicación de un santuario, hay que tener en cuenta varias cosas. En primer lugar, considere el propósito del santuario. ¿Para qué quiere utilizarlo? ¿Lo utilizará para el culto diario o solo en ocasiones especiales? Si piensa utilizarlo con regularidad, elija un lugar de fácil acceso.

Un lugar cerca de la puerta de entrada o en su dormitorio podría ser ideal. Sin embargo, también puede querer utilizarlo ocasionalmente. En ese caso, quizá le convenga elegir un lugar más escondido, como el fondo de un armario o debajo de las escaleras. En segundo lugar, piense en quién va a utilizar el santuario. Si usted es el único que va a acceder a él, tiene más flexibilidad en cuanto a su ubicación. En cambio, si lo van a utilizar otras personas, tendrá que elegir un lugar lo bastante grande para que quepan cómodamente.

En tercer lugar, tenga en cuenta sus preferencias personales. ¿Qué tipo de ambiente quiere crear? ¿Prefiere un entorno más privado o más abierto y acogedor? Una vez considerados estos factores, sabrá mejor dónde ubicar su santuario.

2. Elegir las deidades o ancestros representados

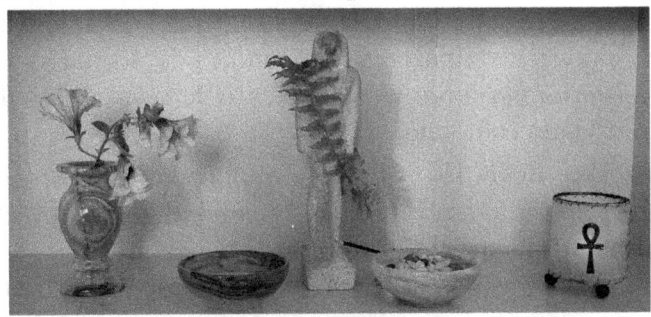

Altar para el dios Thoth
https://commons.wikimedia.org/wiki/File:Th_oltar.JPG

Uno de los aspectos más importantes a la hora de construir un santuario personal es decidir qué deidades o antepasados quiere representar. Si no sabe por dónde empezar, piense en sus creencias y tradiciones espirituales. ¿Hay alguna deidad específica por la que se sienta atraído? También puede elegir deidades o ancestros que tengan un significado en su historia familiar.

Cuando haya elegido a una o varias deidades o ancestros, investigue un poco sobre ellos. ¿Cuáles son sus símbolos y colores? ¿De qué tipo de ofrendas disfrutan? ¿Cuáles son sus historias y mitos? Cuanto más sepa sobre los seres que representa, más fácil le resultará crear un santuario que parezca un espacio sagrado.

3. Recolectar materiales

Ahora que sabe dónde se ubicará su santuario y a qué deidades o ancestros quiere representar, es hora de reunir los materiales necesarios para crearlo.

- Una pequeña mesa, altar o repisa para colocar los objetos del santuario.
- Una tela para cubrir la superficie del altar. Puede ser un simple trozo de tela o una tela de altar más elaborada.
- Imágenes o estatuas de las deidades o ancestros que representa.
- Objetos simbólicos que representen a cada deidad o ancestro. Por ejemplo, flores para una diosa del amor, una vela para un dios del fuego o un cuenco de agua para una diosa del mar.
- Ofrendas para las deidades o ancestros. Puede incluir comida, bebida, flores, inciensos o cualquier otra cosa que quiera ofrecer.

4. Montar su santuario

Una vez que tenga todos los materiales, es hora de empezar a montar el santuario. Empiece cubriendo la superficie del altar con una tela. A continuación, ponga las imágenes o estatuas de forma que le resulte agradable. Si representa a varias deidades o ancestros, puede crear un espacio separado para cada uno.

A continuación, añada los objetos simbólicos que representan a cada ser. Por último, presente sus ofrendas. Puede colocarlas directamente en el altar o utilizar un cuenco de ofrendas. Lo más importante es hacerlo con intención. Mientras ofrece cada objeto, tómese un momento para rezar una oración o visualizar. Por ejemplo, imagine que la deidad o el ancestro recibe su ofrenda y se alegra.

5. Bendiga su santuario

Una vez montado el santuario, deberá bendecirlo para que sea un espacio sagrado. Puede hacerlo de varias maneras, dependiendo de sus preferencias personales. Límpielo a fondo con agua salada o arena. Una vez limpio, está listo para consagrarlo. Para ello, encienda una vela blanca y un poco de incienso y rece una oración pidiendo la bendición de los dioses o diosas a los que quiera honrar.

También puede ungir el santuario con aceite, haciendo movimientos circulares para llenarlo de energía positiva. Una vez consagrado el santuario, puede decorarlo con imágenes o estatuas de las deidades a las que quiera honrar. También puede añadir flores frescas u otras ofrendas que les sean queridas. Recuerde que su santuario es un espacio sagrado al que puede acudir para conectar con lo divino. Trátelo con respeto y cuidado y será una poderosa fuente de fortaleza y guía en su vida.

Lugar y disposición de los objetos en el santuario

La disposición de los objetos en un santuario suele ser bastante deliberada y puede tener un profundo significado. En muchos casos, la colocación de los objetos viene dictada por la tradición o las creencias religiosas. Por ejemplo, muchos santuarios tienen una estatua o imagen de una deidad en el centro, rodeada de ofrendas o símbolos de veneración. Los objetos específicos que se incluyen en un santuario también pueden variar en función de su finalidad. Por ejemplo, un santuario dedicado a un ancestro puede incluir objetos importantes para esa persona en vida, como fotos o recuerdos. En última instancia, la colocación de los objetos en un santuario refleja la relación entre el devoto y el objeto de culto.

1. Estatuas o imágenes de deidades

Los objetos más comunes que se encuentran en un santuario son estatuas o imágenes de la deidad a la que se rinde culto. Puede ser desde una pequeña figurita hasta un gran cuadro o escultura. Como se considera el punto central, la estatua o imagen suele colocarse en el centro del santuario. En muchos casos, es el objeto principal del devoto.

2. Ofrendas

Las ofrendas son otro tipo de objeto habitual en los santuarios y pueden ser cualquier cosa que el devoto quiere ofrecer a la deidad, como comida, bebida, flores, inciensos o incluso armas. Las ofrendas suelen colocarse delante de la estatua o la imagen de la deidad para mostrar respeto y devoción.

3. Elementos simbólicos

En algunos casos, los santuarios también incluyen objetos simbólicos que representan a la deidad venerada. Puede tratarse de cualquier cosa, desde un tipo específico de flor hasta una piedra o un metal. La inclusión de estos objetos ayuda al devoto a conectar con la deidad en un nivel más personal.

4. Fotos o recuerdos

Otros objetos que suelen encontrarse en los santuarios son fotos o recuerdos de la persona o entidad venerada. Esto es especialmente común en los santuarios dedicados a los ancestros, ya que ayuda a crear una conexión más personal. Como se consideran secundarios respecto de la estatua o imagen principal, estos objetos suelen colocarse en la periferia del santuario.

5. Flores frescas

Las flores frescas se utilizan a menudo para decorar santuarios, ya que se consideran un símbolo de vida y crecimiento. También tienen un olor agradable que crea una atmósfera más relajante y acogedora. Las flores suelen colocarse alrededor del del santuario, en su exterior, para enmarcar la imagen o estatua central.

6. Incienso

El incienso es otra ofrenda común para decorar los santuarios. Es una forma de purificar el espacio y crear una atmósfera más sagrada. El incienso suele colocarse delante del santuario para que el humo se dirija hacia la imagen o estatua central. Tenga cuidado al quemarlo, ya que puede suponer un peligro de incendio.

7. Velas

Las velas se utilizan a menudo en los santuarios para crear luz y calor. También pueden utilizarse para representar la presencia de lo divino. Suelen colocarse alrededor del santuario, en su exterior, para enmarcar la imagen o estatua central. Debido al riesgo de incendio, debe tener cuidado al utilizar velas.

8. Campanas

Las campanas se utilizan en los santuarios para llamar la atención sobre la presencia de lo divino. También para ahuyentar a los malos espíritus.

Las campanas suelen colgarse fuera del santuario para enmarcar la imagen o estatua central. El sonido de la campana también puede utilizarse para señalar el inicio de un servicio religioso.

9. Cuenco de ofrendas

A veces se utiliza un cuenco de ofrendas en los santuarios para recoger las ofrendas para la deidad. Suele colocarse delante del santuario para recoger las ofrendas que se hagan. También puede utilizarse para contener agua en rituales de limpieza. Con los cuidados adecuados, un cuenco de ofrendas puede durar muchos años.

10. Otros objetos

Los santuarios también pueden incluir otros objetos específicos de la deidad a la que se rinde culto o relacionados con las creencias de los devotos. Puede tratarse de armas o instrumentos musicales. La inclusión de estos objetos tiene como objetivo ayudar al devoto a conectar con la deidad en un nivel más personal.

Recuerde que la colocación de objetos en un santuario suele ser deliberada y puede tener un significado profundo. Tómese su tiempo para considerar la disposición de los objetos en su altar y crear un espacio significativo para usted.

Cuidado y mantenimiento del santuario

El cuidado y mantenimiento adecuados del santuario son esenciales para garantizar que siga siendo un lugar de culto para las generaciones futuras. El primer paso en el mantenimiento de un santuario es limpiar regularmente el suelo y las superficies. Esto ayuda a eliminar la suciedad, el polvo y otros residuos acumulados con el tiempo.

Además, es crucial inspeccionar periódicamente el santuario para detectar cualquier daño o desgaste. Si hay grietas o quiebres, hay que repararlos inmediatamente. Además, el altar debe regarse con regularidad para evitar que la madera se seque y se agriete. Siguiendo estos sencillos consejos, se asegura de que su santuario siga siendo un lugar de culto hermoso y sagrado durante muchos años.

1. Cuidado diario

Todos los días, los devotos del santuario realizan una serie de rituales para prepararlo para el día siguiente. Estos rituales incluyen limpiarlo con agua salada, quemar incienso y hacer ofrendas de comida y bebida. Además, entonan himnos y oraciones para purificar el santuario e invocar a los espíritus de los antepasados. Una vez preparado, el santuario se abre a los visitantes, que acuden a ofrecer oraciones y regalos.

Los sacerdotes son responsables de que un santuario se mantenga limpio y ordenado, y también guían a quienes buscan consejo de los espíritus de los antepasados. Al realizar estos rituales diarios, mantienen la conexión entre los vivos y los muertos y garantizan que los ancestros sigan guiando y protegiendo a sus descendientes.

Aquí tiene algunos consejos para el cuidado diario de su santuario:

- Limpie regularmente el piso y las superficies de su santuario.
- Inspeccione el santuario en busca de cualquier grieta o quiebre.
- Riegue el santuario regularmente para proteger la madera de secarse o quebrarse.
- Limpie el santuario regularmente para eliminar el polvo o cualquier suciedad.
- Ofrezca diariamente comida, bebida e incienso a los espíritus de los ancestros.

2. Cuidado semanal

Además del cuidado diario del santuario, también es necesario realizar una serie de rituales semanales. Estos incluyen limpiar la estatua o imagen de la deidad, pulir el altar y cambiar las ofrendas. El cuidado semanal del santuario garantiza que permanezca limpio y sagrado.

Aquí tiene algunos consejos para el cuidado semanal de su santuario:

- Limpie la estatua o la imagen de la deidad con una tela suave.
- Lustre el altar con una tela limpia y seca.
- Cambie las ofrendas del altar por comidas y bebidas frescas.
- Prenda incienso de calidad frente al altar.
- Entone himnos o plegarias para los espíritus de los ancestros.

3. Cuidado estacional

El santuario también necesita cuidados estacionales. Esto incluye limpiarlo, cambiar las ofrendas y realizar rituales específicos de la estación. Estos cuidados garantizan que el santuario siga siendo sagrado y esté conectado con los ciclos de la naturaleza.

Aquí tiene algunos consejos para el cuidado estacional de su santuario:

- Limpie el santuario a fondo al inicio de cada estación.

- Cambie las ofrendas del santuario por unas que representen la estación.
- Prenda inciensos estacionales frente al santuario.
- Entone himnos o plegarias específicas de la estación.
- Realice rituales específicos de la estación.

4. Cuidado anual

Además del cuidado diario, semanal y estacional del santuario, también es necesario realizar una serie de rituales anuales. Estos rituales incluyen la limpieza del santuario, las ofrendas a los espíritus de los antepasados y la celebración de festivales. El cuidado anual del santuario garantiza que siga siendo un lugar sagrado de culto en los años venideros.

He aquí algunos consejos para el cuidado anual de su santuario:
- Limpie el santuario con sal marina al principio del año.
- Haga ofrendas de comida, bebida e incienso a los espíritus de los ancestros.
- Organice festivales y celebraciones en el santuario a lo largo del año.
- Invite a la comunidad a participar en el cuidado del altar.

5. Otras consideraciones

Hay otras cosas que debe recordar cuando cuide su santuario. En primer lugar, es importante crear un espacio sagrado y seguro. Esto significa que debe estar situado en un lugar donde las influencias externas no lo perturben. En segundo lugar, es importante respetar los santuarios y los espíritus de los ancestros. Esto significa que solo se debe permitir la entrada o la visita a quienes sean sinceros en su deseo de rendir culto. Por último, recuerde que el santuario es un espacio vital y debe tratarse como tal. Esto significa que debe mantenerse limpio y libre de desorden.

En el *kemetismo*, los santuarios son espacios sagrados a los que se acude para conectar con lo divino. También se consideran lugares de protección y curación. Los objetos que se colocan en los santuarios deben ayudar a conectar con las deidades y crear una atmósfera más sagrada y acogedora. Con los cuidados adecuados, un santuario puede durar muchos años. Así que, si está interesado en construir su propio santuario *kemetista*, siga los consejos de este capítulo.

Capítulo 7: Magia *Maat*

La magia *Maat* es un concepto relativamente nuevo propuesto por el ocultista Nema Andahadna. Es un sistema *Thelemico* de autoiniciación basado en los escritos de Aleister Crowley. En este capítulo, se toca brevemente lo que es magia *Maat*, cómo se compara y difiere de otros sistemas de magia y algunos de sus conceptos clave.

¿Qué es magia *Maat*?

Nema Andahadna, ocultista, introdujo la idea de magia *Maat*. La magia *Maat* es un sistema de autoiniciación basado en los escritos de Aleister Crowley. Recibe su nombre de la diosa egipcia Maat, que representa la verdad, el equilibrio y la justicia. El objetivo principal de la magia *Maat* es lograr el equilibrio en la propia vida y vivir según la Ley del retorno.

Andahadna cree que, alineándose con la energía de Maat, se puede crear un cambio positivo en el mundo. Para ello, ha creado un sistema de rituales y prácticas diseñados para promover la verdad, la justicia y el equilibrio en todos los ámbitos de la vida. Esto incluye cuestiones tanto personales como globales.

Andahadna descubrió que, trabajando con las energías de Maat, podía crear un cambio positivo en su propia vida y en la de quienes la rodeaban. Además, cree que este tipo de magia puede utilizarse para sanar el planeta y crear un mundo más pacífico y armonioso.

Thelema y la magia *Thelema*

Fundado por Aleister Crowley a principios del siglo XX, *thelema* es un sistema filosófico y religioso. El principio central de *thelema* es «Haz lo que quieras, será toda la ley». Este principio se basa en la creencia de que cada individuo tiene derecho a perseguir su verdadera voluntad sin interferencias perjudiciales de otros. Según esta creencia, cada individuo tiene derecho a vivir su vida según su verdadera voluntad. *Thelema* es también el nombre de la orden mágica de Crowley, que fundó en 1907.

Thelema Magick es un sistema de prácticas mágicas basado en principios *thelémicos*. *Thelema Magick* enfatiza en la autonomía personal y la libertad, y los practicantes creen que cada individuo tiene el poder de crear su realidad. Está diseñado para ayudar al practicante a alcanzar su verdadera voluntad. *Thelemic Magick* es a menudo visto como una forma más espiritual de la magia, ya que no se centra en el mundo material. También incluye una creencia en el poder de los símbolos y rituales y los practicantes a menudo utilizan rituales mágicos para manifestar sus deseos.

La conexión entre la magia *Maat* y *thelema*

La magia *Maat* se basa en los escritos de Aleister Crowley, que también fue el fundador del sistema de magia *thelémica*. La magia *Maat* es una tradición ocultista que subraya la importancia del equilibrio y la armonía en todas las cosas. *Thelema*, por su parte, es un movimiento religioso relativamente nuevo. A primera vista, puede parecer que no hay mucha coincidencia entre estas dos tradiciones. Sin embargo, al examinarlas más de cerca, queda claro que hay varias similitudes clave entre la magia *Maat* y *thelema*.

Ambas filosofías enfatizan la importancia del equilibrio y el autocontrol, y ambas animan a sus seguidores a seguir sus propios caminos en la vida. Además, ambas tradiciones ponen mucho énfasis en el ritual y el simbolismo. Como resultado, no es sorprendente que muchas personas que practican magia *Maat* también tengan interés en *thelema*. Aunque *thelema* es un movimiento relativamente nuevo, está claro que tiene raíces en algunas ideas antiguas.

Tanto la magia *Maat* como la magia *thelema* enfatizan la autonomía personal y el poder del individuo para crear su realidad. Además, ambos sistemas creen en el uso de símbolos y rituales para manifestar los propios deseos. Las dos tradiciones también comparten la creencia en la importancia del equilibrio y la armonía. Como resultado, no es sorprendente que muchas personas que practican magia *Maat* también tengan interés en *Thelema*.

Sin embargo, también hay algunas diferencias clave entre magia *Maat* y magia *Thelema*. Una de las diferencias más notables es que la magia *Maat* se centra en lograr el equilibrio en todas las áreas de la vida. Por el contrario, la magia *Thelema* se centra principalmente en el logro de la verdadera voluntad del practicante. Otra diferencia clave es que la magia *Maat* se basa en las energías de la diosa egipcia Maat. Por el contrario, la magia *Thelema* se basa en las energías del dios griego Pan.

Conceptos clave en la magia *Maat*

Varios conceptos clave son fundamentales en la magia *Maat*. Es un sistema de magia basado en los principios de verdad, equilibrio y justicia. El objetivo de la magia *Maat* es promover la armonía y el orden en el mundo. En el centro de la magia *Maat* está el concepto de Maat, la antigua diosa egipcia de la verdad, la justicia y el equilibrio.

Para practicar, se debe esforzar por mantener los valores de la verdad, el equilibrio y la justicia en todos los aspectos de su vida. Esto puede lograrse estudiando las enseñanzas mágicas de Maat, realizando rituales y hechizos que se alineen con sus principios y trabajando para que el mundo sea más ordenado y armonioso. Siguiendo el camino de la magia *Maat*, los practicantes ayudan a crear un mundo más justo y equilibrado.

He aquí algunos conceptos clave que son fundamentales para la magia *Maat*:

1. Liber Pennae Praenumbra

Liber pennae praenumbra, también conocido como el *Libro de las sombras*, es un texto mágico utilizado durante siglos por las brujas. Contiene diversos hechizos y rituales, así como información sobre hierbas medicinales y astrología. Aunque se desconoce su origen, se cree que data de la Edad Media. Hoy en día, muchas brujas utilizan el *Libro de las sombras* como una forma de conectar con su herencia.

Para muchos paganos, este libro es un texto sagrado que debe tratarse con respeto. En los últimos años, ha habido un resurgimiento del interés en el *Libro de las sombras*, con nuevas ediciones y versiones que se publican con regularidad. Tanto si está empezando a explorar la brujería como si es un practicante experimentado, el *Libro de las sombras* es una parte esencial de este arte.

En la magia *Maat*, el *Libro de las sombras* se utiliza como una herramienta para el autodescubrimiento y el crecimiento personal. Es una forma de conectar con el yo superior y las fuerzas divinas que guían la vida. El libro puede utilizarse como diario, grimorio o simplemente como un lugar para recoger pensamientos y reflexiones.

El texto del *Libro de las sombras* no es inamovible. Cada bruja debe sentirse libre de añadir o eliminar el contenido que considere oportuno. La única regla es que debe utilizarse con fines positivos. Cualquier cosa dañina debe quedar fuera. Con esto en mente, aquí tiene algunas ideas para empezar:

- Utilice el *Libro de las sombras* como diario. Escribe tus pensamientos y experiencias con la magia. Es una forma estupenda de seguir tu progreso y crecimiento como bruja.
- Llene el libro con hechizos y rituales significativos para usted. Puede incluir hechizos de amor, hechizos de protección o incluso rituales sencillos para el cuidado personal.
- Utilice el *Libro de las sombras* como un grimorio. Es un lugar para registrar todos los conocimientos mágicos adquiridos. Puede incluir información sobre hierbas, cristales y otras herramientas del oficio.
- Utilice el libro como herramienta de adivinación. Puede tratarse de clarividencia, lecturas del tarot o cualquier otra forma de adivinación que le atraiga.
- Utilice el libro como herramienta de autorreflexión. Es un lugar para explorar sus pensamientos y sentimientos más profundos. Puede utilizarlo para conectar con su yo superior y aprovechar su poder innato.

2. Eones

El concepto de eón es un principio central de la magia *Maat*. Un eón es una unidad de tiempo igual a 1.000 años. El eón actual es el de Horus, que comenzó en 2004. El eón anterior fue el de Isis, y antes de eso fue el eón de Osiris. Cada eón representa una etapa diferente en la evolución espiritual de la humanidad y está gobernado por una deidad en particular. Los eones se dividen en etapas conocidas como sub-eones.

El sub-eón actual es la era de Horus, que comenzó en 2004 d. C. y durará hasta el año 3000 d. C. Le sigue la era de Maat, que dura desde el 3000 d. C. hasta el 4000 d. C. Después está la Era de Set, que durará desde el 4000 d. C. hasta el 5000 d. C. Finalmente, la Era de Neftis comenzará en el año 5000 d. C y durará hasta el año 6000 d. C.

Cada sub-eón representa un desafío diferente que la humanidad debe superar en su viaje hacia la iluminación espiritual. Los magos *Maat* se esfuerzan por alinear su propia voluntad con la voluntad divina de la era actual y marcar el comienzo de una nueva etapa de paz y armonía para toda la humanidad.

3. Cábala

La Cábala es un antiguo sistema místico judío que explora la naturaleza de Dios y el universo. Incluye creencias sobre la creación, los ángeles y los demonios. La Cábala también enseña que todo en el universo está interconectado. Esto significa que nuestras acciones nos afectan no solo a nosotros mismos, sino también a los demás y al mundo que nos rodea.

La magia *Maat* es una forma de magia que incorpora estos conceptos. Busca el equilibrio y el orden en el mundo. Los practicantes de magia *Maat* trabajan para alinearse con la diosa Maat y sus principios. Esto puede hacerse a través de prácticas como la meditación, el diario y el trabajo con herramientas mágicas como los cristales y las cartas del tarot. Con ello esperan crear un mundo más justo y armonioso.

Maat y la Cábala son dos sistemas de pensamiento y práctica que pueden utilizarse juntos para crear un cambio positivo en el mundo. Juntos ayudan a conectar con el yo superior, con las fuerzas divinas que guían la vida y con la magia del universo. La clave está en recordar que los pensamientos y acciones importan. Lo que se hace hoy da forma al mundo de mañana. Así que trabajemos todos juntos para crear un mundo más equilibrado y armonioso.

4. El Árbol de la Vida

El Árbol de la Vida es un concepto central en la magia *Maat*, que se basa en la antigua cosmología egipcia. Se representa como un gran árbol con diez ramas, cada una de las cuales representa un aspecto diferente de la realidad. En la cima del árbol está el sol, que representa la luz Divina que ilumina todas las cosas. Debajo del sol están la luna y las estrellas, que representan la naturaleza cíclica de la realidad.

El Árbol de la Vida
Ausis.sk, CC BY-SA 4.0 <https://creativecommons.org/licenses/by-sa/4.0>, via Wikimedia Commons: https://commons.wikimedia.org/wiki/File:Stolna_lampa_Tree_of_Life_-_1631988313.png

Las ramas del árbol representan los cinco elementos: tierra, aire, fuego, agua y espíritu. A su vez, estos elementos están relacionados con los cinco sentidos, las partes del cuerpo y las etapas de la vida. Cada elemento se asocia también con un color, un planeta y una carta del tarot diferentes.

El Árbol de la Vida se utiliza como herramienta de autorreflexión y autodesarrollo. Al meditar en el árbol, se comprende mejor la vida y su significado. También se puede utilizarlo para conectar con las fuerzas divinas que guían la vida. La clave está en recordar que el árbol es un símbolo y que su significado depende de lo que cada uno haga de él.

El Árbol de la Vida es un poderoso símbolo de la unidad y la diversidad de todas las cosas. Es un recordatorio de que todos estamos conectados y de que nuestras acciones pueden tener un efecto dominó en el mundo que nos rodea. Esforcémonos por vivir en armonía con el Árbol de la Vida y crear un mundo más equilibrado y armonioso para todos.

5. N'Aton

N'Aton es el nombre del dios del sol en la mitología del antiguo Egipto. A menudo se le representa como un hombre con cabeza de halcón o un león con cabeza de halcón. Se le asocia con el elemento fuego y el color rojo. También se le asocia con el planeta Marte. *N'Aton* representa el principio activo y masculino del universo.

N'Aton es el dios creador que dio origen a los demás dioses y diosas. También es el dios del sol, de la luz y de la verdad. Es una poderosa fuerza para el bien, y su energía puede aprovecharse para lograr cambios positivos. Cuando trabaja con *N'Aton*, puede aprovechar su poder para crear un cambio positivo en su vida y en el mundo que lo rodea.

N'Aton es un dios de la acción, y su energía puede ser útil cuando necesite tomar medidas decisivas en su vida. Si se enfrenta a una situación difícil, pida ayuda a *N'Aton*. Su energía puede darle la fuerza y el valor que necesita para superar cualquier obstáculo.

Según Maat, *N'Aton* es el único dios verdadero, la fuente de toda la creación. Al alinearse con *N'Aton*, se puede aprovechar ese poder y utilizarlo para crear cambios positivos en la vida. La clave es actuar siempre según *Maat*, el principio universal de verdad y justicia. Cuando se hace, se actúa en armonía con la voluntad de *N'Aton*. Así se producen cambios positivos en la vida individual y en el mundo.

6. La ley del Retorno

La Ley del Retorno es uno de los principios básicos de la magia *Maat*. Afirma que cualquier energía que se pone en el universo vuelve triplicada. En otras palabras, si hace algo positivo, recibirá el triple de energía positiva a cambio. Del mismo modo, recibirá el triple de energía negativa si hace algo negativo.

La Ley del Retorno es una poderosa herramienta para crear cambios positivos en su vida. Al poner deliberadamente energía positiva en el mundo, atrae más positividad a su vida. Esto puede ayudarle a manifestar sus deseos y alcanzar sus objetivos. Por el contrario, al evitar las acciones y los pensamientos negativos, reduce la negatividad en su vida.

La Ley del Retorno es una forma sencilla pero poderosa de crear un cambio positivo en su vida. Al alinear sus acciones con los principios positivos de *Maat*, atrae más positividad a su vida y crea la vida que desea.

7. Teurgia

Uno de los conceptos centrales de la magia *Maat* es la teurgia, que es la práctica de utilizar rituales mágicos para comunicarse con los dioses e invocarlos. Esto contrasta con otras formas de magia, que se centran en la manipulación de la energía o la materia. La teurgia se basa en la creencia de que los dioses son seres reales con los que se puede contactar mediante rituales.

Aunque los métodos exactos de comunicación varían de una tradición a otra, suelen consistir en una combinación de oraciones, ofrendas e invocaciones. El objetivo de la teurgia es establecer una relación con lo divino para recibir guía, protección u otros favores. Para muchos practicantes, la teurgia es una forma de vivir en armonía con el orden natural de las cosas. Alineándose con la voluntad de los dioses, se puede alcanzar un estado de equilibrio y armonía en la propia vida.

8. Evocación

La evocación es el acto de llamar o convocar a una deidad y puede hacerse por muchas razones, como pedir guía, solicitar curación o simplemente entrar en contacto con lo divino. Hay muchas formas de evocar a un espíritu, pero todas requieren cierto nivel de concentración e intención. Lo más importante es crear un espacio abierto y acogedor. Para ello, monte un altar con objetos que representen al espíritu que desea invocar. También es útil crear un círculo de protección, que evitará que otras energías interfieran en su trabajo.

Una vez que haya creado este espacio, puede comenzar la evocación llamando al espíritu por su nombre. Sea respetuoso y humilde en su petición, ya que la evocación es un acto poderoso que no debe tomarse a la ligera. Si lo hace con intenciones puras, puede ser una experiencia muy positiva y transformadora.

9. Invocación

Cuando se habla de invocación en el contexto de la magia *Maat*, se refiere al acto de llamar o convocar una energía o entidad particular. Esto se puede hacer por varias razones, tales como la búsqueda de orientación, protección o curación. La invocación puede hacerse externamente, pidiendo a otra persona que invoque la energía en su nombre, o internamente, a través de su práctica. Independientemente de cómo se haga, el objetivo es crear un espacio en el que pueda conectar con las energías que busca.

Hay varias maneras de hacerlo, pero su intención es la clave. Cuando tenga claro lo que espera conseguir a través de la invocación, será más fácil concentrar sus energías e invocar las fuerzas específicas que le ayuden a manifestar sus deseos. Además, es importante crear una atmósfera propicia para la comunicación y la conexión abiertas. Para ello, puede quemar en su espacio salvia o palo santo, encender velas o poner música relajante. Haga lo que haga, asegúrese de preparar el terreno para una experiencia positiva y productiva.

10. Magia sexual

En el mundo de la magia, se pueden adoptar muchos enfoques diferentes para lograr objetivos específicos. Un enfoque que se utiliza a veces es la magia sexual. Como su nombre indica, implica el uso de la energía sexual para potenciar hechizos y rituales mágicos. Aunque pueda parecer un concepto sencillo, encierra una gran complejidad.

Uno de los conceptos clave en la magia sexual es la idea del consentimiento. Para que la energía sexual sea aprovechada adecuadamente, todos los participantes deben estar totalmente de acuerdo y cómodos con la actividad. Esto asegura que el hechizo o ritual resultante se realiza con intenciones positivas y energía pura. Otra consideración importante en la magia sexual es el papel de la concentración y la visualización.

Al realizar un hechizo o ritual de magia sexual, es crucial centrarse en el resultado deseado durante todo el proceso. Esto facilitarse mediante el uso de técnicas específicas de visualización, como imaginar el resultado deseado mientras se masturba o la creación de una imagen mental del resultado deseado durante el coito. Teniendo en cuenta estos conceptos, cualquiera puede aprender y aprovechar el poder de la magia sexual.

Magia *Maat* y su lugar en el mundo actual

Los magos *Maat* han practicado su arte en secreto durante siglos. Sin embargo, en los últimos años ha resurgido el interés por este tipo de magia. La magia *Maat* enseña que todas las cosas están interconectadas y que se debe buscar el equilibrio en todos los ámbitos de la vida. Esto incluye las relaciones con el mundo natural, las interacciones con los demás e incluso los pensamientos y emociones. Cuando se está en desequilibrio, se produce desarmonía y sufrimiento. En cambio, si se está alineado con *Maat*, se pueden introducir cambios positivos en la vida personal y en el mundo circundante.

En el mundo actual existe un interés creciente por el chamanismo, el trabajo energético y otras prácticas espirituales alternativas. La magia *Maat* ofrece un camino único que combina muchos elementos en un sistema cohesivo. Es una práctica basada en el respeto por el mundo natural, la reverencia por lo divino y el compromiso con el crecimiento personal. Mientras seguimos afrontando retos en nuestro mundo, como el cambio climático, la desigualdad económica y la injusticia social, la magia *Maat* proporciona un marco para trabajar hacia soluciones positivas. Si está interesado en explorar este tipo de magia, tiene a su disposición varios recursos que le ayudarán a empezar.

La magia *Maat* es un tipo de magia arraigada en la tradición, pero que sigue siendo relevante para la vida moderna. Enseña que todas las cosas están interconectadas y que se debe buscar el equilibrio en todos los ámbitos de la vida. Esto incluye nuestras relaciones con el mundo natural, las interacciones con los demás e incluso los pensamientos y emociones. Los conceptos clave tratados en este capítulo son algunas de las razones por las que la magia *Maat* está ganando popularidad en el mundo actual. Su enfoque en el crecimiento personal y la responsabilidad social proporciona una alternativa muy necesaria a las prácticas espirituales dominantes.

Capítulo 8: Ceremonias y rituales mágicos

Los antiguos egipcios creían que *Maat* era esencial para mantener el equilibrio en el universo. Este concepto era fundamental para la cosmología y la ética egipcias. Creían que mantener *Maat* era necesario para el bienestar personal y la estabilidad de la sociedad y el orden cósmico. Para defenderlo, utilizaban una serie de rituales y ceremonias, como ofrecer oraciones y sacrificios a los dioses, realizar ritos de purificación y participar en procesiones y festivales. Al defender los principios de verdad, justicia y equilibrio relacionados con *Maat*, garantizaban su bienestar y la salud de su sociedad y del cosmos.

La magia *Maat* es un antiguo sistema egipcio de magia que se utiliza para mejorar la vida de varias maneras. Este capítulo se centra en los beneficios de practicar magia *Maat* y muestra cómo realizar varios rituales. Aprenderá acerca de los rituales de protección, alejamiento, destierro, consagración e invocación. Mediante la incorporación de estos rituales en su vida, usted puede mejorar su concentración, conectar con lo divino, desarrollar su intuición, fortalecer su fuerza de voluntad y mucho más.

Beneficios de practicar magia *Maat*

Muchas personas recurren a la magia para lograr cambios positivos en sus vidas. Aunque hay muchas tradiciones mágicas diferentes, la magia *Maat* es una de las más gratificantes. Estos son algunos de los muchos beneficios de practicar magia *Maat*:

1. Concentración de la mente

Uno de los beneficios más importantes de la magia *Maat* es que ayuda a centrar la mente. En la ajetreada vida moderna es fácil dispersarse y perder la concentración. Por el contrario, el estudio disciplinado de la magia *Maat* requiere concentración y enfoque mental. Como resultado, quienes practican esta forma de magia logran que sus mentes sean más capaces de afrontar los retos de la vida cotidiana. Además, esta práctica ayuda a desarrollar una mayor conciencia de uno mismo, lo que puede conducir a una sensación de paz y bienestar. Por estas razones, cualquiera que busque mejorar su concentración y claridad mental haría bien en considerar la práctica de la magia *Maat*.

2. Conexión con lo divino

La magia Maat es un sistema de creencias y prácticas espirituales que implica la invocación de la diosa egipcia Maat. Los seguidores de Maat creen que alineándose con sus principios se logra una transformación personal y una conexión con lo divino. La magia *Maat* hace hincapié en la ética, la moral y el equilibrio con el mundo natural. Sus practicantes creen que adhiriéndose al código de conducta de Maat pueden alcanzar la iluminación espiritual y acercarse a los dioses.

El camino de Maat es un camino de superación personal y de despertar de uno mismo y su objetivo último es acercarse a lo divino. Sus enseñanzas pueden aplicarse a todos los aspectos de la vida, desde las relaciones hasta el trabajo y las finanzas. Sus seguidores creen que viviendo según estos principios se encuentra armonía y plenitud en todos los ámbitos de la vida. Supongamos que busca un camino espiritual enfocado en el crecimiento personal y la conexión con lo divino. En ese caso, la magia *Maat* es adecuada para usted.

3. Desarrollo de la intuición

Uno de los beneficios de practicar magia *Maat* es que desarrolla la intuición. La intuición es la capacidad de comprender algo inmediatamente sin necesidad de razonamiento consciente. Cuando practica magia *Maat*, se conecta con su subconsciente, donde reside la intuición. A medida que está más en sintonía con su intuición, puede tomar decisiones con mayor rapidez y eficacia. También mejora su capacidad para «leer» a las personas y las situaciones, y es menos propenso a que los acontecimientos inesperados le pillen desprevenido.

Desarrollar su intuición a través de la magia *Maat* le ayuda a llevar una vida más próspera. Muchas de las personas más exitosas del mundo han confiado en su intuición para guiarse hacia el éxito. Si desea aprovechar esta poderosa fuente de conocimiento, la magia *Maat* puede ayudarle a hacerlo. También ayuda a desarrollar otras habilidades psíquicas, como la clarividencia y la adivinación.

4. Mejora de la creatividad

Cuando practica la magia *Maat*, aprovecha su creatividad innata. Este tipo de magia le permite explorar diferentes aspectos de su personalidad y sacar a la luz sus talentos ocultos. El acto de crear algo de la nada es un poderoso acto de voluntad y puede tener un profundo efecto en su vida. Por su naturaleza, la magia *Maat* le anima a pensar con originalidad y a encontrar soluciones nuevas e innovadoras a los problemas.

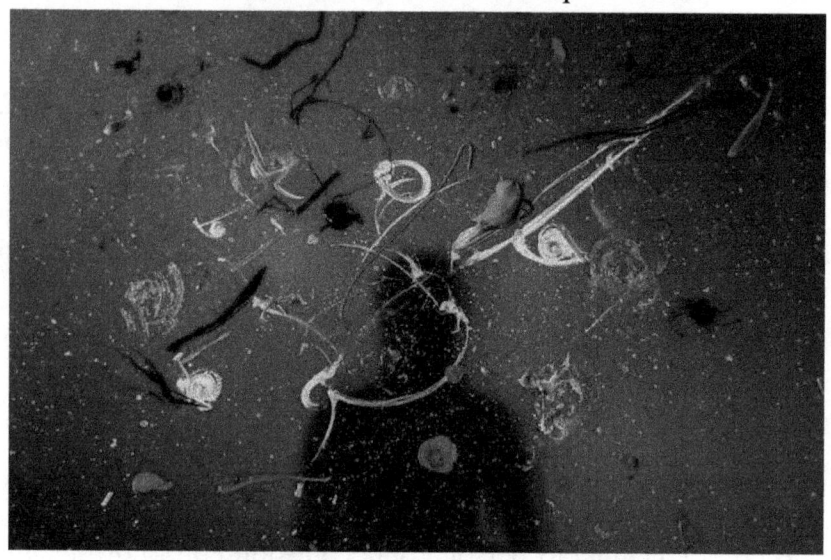

La magia *Maat* le ayuda a conectar con su creatividad
https://unsplash.com/photos/SPTh4rzR6xQ?utm_source=unsplash&utm_medium=referral&utm_content=creditShareLink

Además, los rituales mágicos y hechizos ayudan a perfeccionar sus habilidades creativas. A medida que se vuelva más experto en la elaboración de fórmulas mágicas, descubrirá que su creatividad florece también en otras áreas de la vida. Si es un artista, un escritor o alguien que simplemente disfruta con nuevas ideas, practicar magia *Maat* le ayudará a liberar todo su potencial.

5. Fortalecimiento de la fuerza de voluntad

Uno de los beneficios de practicar magia *Maat* es que fortalece la fuerza de voluntad. La fuerza de voluntad es la capacidad de resistirse a las tentaciones y cumplir los objetivos. Es un ingrediente fundamental para el éxito. Es más probable que consiga sus objetivos si tiene una fuerza de voluntad fuerte. Cuando practica magia *Maat*, afirma constantemente su compromiso con la verdad y la justicia. Esto refuerza su voluntad y su determinación.

Además, la práctica de magia *Maat* ayuda a desarrollar la autodisciplina. Esto se debe a que trabaja constantemente para dominar sus pensamientos, emociones y acciones. A medida que se vuelva más disciplinado, su fuerza de voluntad aumentará. Por lo tanto, si está buscando una manera de mejorar su fuerza de voluntad, considere practicar magia *Maat*.

Le ayudará a crear un cambio positivo en su propia vida. Supongamos que usted está luchando con la adicción u otros patrones negativos de comportamiento. En ese caso, la magia *Maat* le proporciona las herramientas que necesita para liberarse y empezar de cero. Además, practicarla ayuda a desarrollar una conexión más fuerte con el mundo natural.

Al sintonizarse con los ciclos de la naturaleza, aprende a vivir en mayor armonía con la tierra. Por último, la magia *Maat* también es una fuente de fuerza y apoyo en los momentos difíciles. Cuando el mundo se siente desequilibrado, los practicantes de magia *Maat* recurren a su poder para restablecer la armonía.

Tanto si busca una transformación personal, como si quiere marcar la diferencia en el mundo, la magia *Maat* es una poderosa tradición que vale la pena explorar.

Rituales de protección

Los practicantes de magia *Maat* tratan de mantener el equilibrio mediante rituales de protección. Estos rituales pueden adoptar muchas formas, pero todos están diseñados para alejar la energía y las fuerzas negativas. Entre los ingredientes habituales de los hechizos de protección se encuentran la sal, las hierbas y los amuletos protectores. Los magos *Maat* también usan gestos y palabras de poder para crear una barrera invisible de protección alrededor de sí mismos o de sus hogares. Aquí tiene algunos ejemplos de rituales de protección que puede probar:

1. El rito de la copa lunar

El rito de la copa lunar es un sencillo pero poderoso ritual de protección que puede realizarse en cualquier momento, siempre que se disponga de una copa o cáliz lunar. Esta copa se llena con agua sagrada de una fuente natural, como un lago, río, manantial o pozo. Una vez que la luz de la luna ha tocado el agua, esta se utiliza para limpiar el cuerpo y el aura. El proceso completo dura menos de una hora y puede realizarse solo o en compañía. Este ritual de protección de magia *Maat* ofrece una forma sencilla de limpiarse y protegerse de la negatividad.

2. La misa de Maat

Este ritual de protección es una forma sencilla pero poderosa de protegerse de la energía negativa. El ritual consiste en invocar a la diosa egipcia Maat, que es la personificación de la verdad, la justicia y el equilibrio. Una vez que haya invocado a Maat, visualícela sosteniendo una balanza en las manos. En un lado de la balanza está su corazón y en el otro una pluma. Si su corazón pesa más que la pluma, significa que está desequilibrado y carga con demasiada energía negativa. Maat le ayudará a limpiar y purificar su corazón, devolviéndolo a un estado de equilibrio. Este ritual puede realizarse tantas veces como sea necesario y es una forma excelente de protegerse de las influencias negativas.

3. El rito de los niños

En este rito los participantes invocan el poder de Maat para protegerse de cualquier daño. El ritual comienza con el trazado de un círculo en el suelo. Dentro del círculo, se sienta a un niño pequeño en un taburete o una silla. A continuación, se envuelve al niño en una manta o tela que representa las alas protectoras de Maat. A continuación, los demás participantes se colocan alrededor del círculo y entonan una invocación a Maat. Una vez finalizado el ritual, todos sienten paz y calma, sabiendo que están a salvo de cualquier daño.

4. La danza de la máscara

La danza de la máscara es un poderoso ritual para limpiar su aura y liberar cualquier energía no deseada. Para realizar este ritual, necesita una máscara blanca y un pañuelo negro. Comience poniéndose la máscara y atándose el pañuelo alrededor de la cabeza, de modo que le cubra los ojos. Respire hondo varias veces y visualícese rodeado de luz blanca. Al inhalar, imagine que la luz entra en su cuerpo y limpia su aura. A continuación, empiece a bailar por la habitación, moviendo el cuerpo de la forma que le parezca más natural. Continúe bailando hasta que sienta que ha liberado toda la energía negativa. Cuando haya terminado, siéntese y agradezca al universo por darle esta protección.

Rituales de protección

Uno de los aspectos más importantes de la magia *Maat* es la protección. Un ritual de protección es una barrera que se utiliza para mantener alejadas las energías y entidades negativas. Hay muchos tipos de protección y cada practicante desarrolla sus propios métodos. Sin embargo, en los rituales de magia *Maat* se utilizan a menudo algunos elementos comunes.

Uno de los ingredientes más importantes es la sal. La sal es conocida por su capacidad para absorber la energía negativa y se utiliza a menudo en rituales de limpieza y protección. Se utiliza para crear un círculo de protección alrededor de un área o se espolvorea sobre los objetos que se desea proteger.

Las hierbas también suelen utilizarse en rituales de protección. Las más populares son la lavanda (para la paz y la relajación), el romero (para la purificación) y la albahaca (para la fuerza y el coraje). Estas hierbas pueden quemarse como incienso, llevarse en bolsitas o esparcirse por la zona que se desea proteger. Con estos sencillos ingredientes, puede crear fuertes hechizos para mantener a raya la energía negativa.

1. El ojo de Horus

El ojo de Horus es un antiguo símbolo egipcio de protección, poder real y buena salud. Se utilizaba a menudo como amuleto protector y solía pintarse en el interior de ataúdes y tumbas. También se conoce como ojo *wedjat, wadjat* o *udjat*. El ojo de Horus representa al dios Horus como protector y vengador de Egipto. Es un símbolo muy poderoso y mucha gente lo sigue utilizando hoy en día como amuleto protector.

Hay varias formas de realizar el ritual del ojo de Horus. Una forma es coger un huevo y dibujar el ojo de Horus en él con un rotulador mágico negro. Coloque el huevo en un lugar seguro donde no sea molestado. Otra forma de realizar el ritual es escribir el nombre «Horus» en un trozo de papel y colocarlo debajo de su almohada mientras duerme. Esto lo protegerá de cualquier daño mientras duerme. Por último, puede llevar un amuleto o talismán con el símbolo del ojo de Horus. Esto lo protegerá de la energía negativa y lo mantendrá a salvo de cualquier daño.

2. La pluma de Maat

La pluma de Maat es un antiguo ritual egipcio de protección que aún se utiliza en la actualidad. Consiste en colocar una pluma en el umbral de una casa o negocio para alejar las energías y fuerzas negativas. La pluma de Maat debe su nombre a la diosa egipcia de la verdad y la justicia, a la que a menudo se representaba con una pluma en el pelo. Además de utilizarse como amuleto protector, el ritual de la pluma de Maat también se emplea para traer justicia y equilibrio al mundo. Quienes realizan el ritual creen que, al hacerlo, ayudan a hacer realidad la visión de Maat de un mundo justo y armonioso.

3. El *ankh* de Isis

El *ankh* de Isis es un ritual de magia *Maat* que se utiliza para protegerse de las energías negativas. El ritual consiste en dibujar un *ankh* en el suelo con un trozo de tiza y caminar tres veces alrededor del perímetro mientras se recita un mantra protector. El mantra puede ser cualquier cosa, desde una simple oración hasta un conjuro mágico más complejo. Lo importante es que se recite con intención y concentración. Una vez completado el ritual, el *ankh* debe dejarse en su lugar el mayor tiempo posible para proporcionar la máxima protección. Este sencillo pero poderoso ritual puede ser realizado por cualquier persona, independientemente de su nivel de conocimientos mágicos o experiencia.

4. El pilar *djed*

El pilar *djed* es un ritual popular utilizado en magia *Maat* para protegerse de las energías negativas. El ritual consiste en dibujar un pilar simbólico en el suelo y utilizar sal y agua para crear una barrera alrededor de él. Una vez que el pilar está completo, se recita un poderoso conjuro que invoca a las fuerzas del bien para que protejan de cualquier daño. Este ritual puede personalizarse para adaptarse a sus necesidades específicas y a menudo se utiliza en combinación con otros rituales de magia *Maat*. Si está buscando alejar a los malos espíritus o simplemente quiere una sensación de protección, el pilar *djed* puede ser una poderosa herramienta en su arsenal mágico.

Rituales de limpieza

Si está buscando una manera de desterrar la energía negativa y limpiar su espacio, considere un ritual de limpieza de magia *Maat*. Hay diferentes maneras de realizar un ritual de limpieza. He aquí algunas de las más populares:

1. La llama purificadora

Si quiere desterrar la negatividad de su vida, el ritual de la llama purificadora es una buena forma de empezar. Este sencillo pero eficaz ritual utiliza el fuego para limpiar las energías no deseadas. El primer paso es escribir en un papel toda la negatividad que quieres desterrar. Puede ser cualquier cosa, desde la envidia y los celos hasta la ira y el odio. Una vez que tenga la lista completa, debe prenderle fuego. Puede hacerlo con una vela, un mechero o incluso una cerilla. Mientras el papel arde, visualice toda la energía negativa liberada de su vida. Deja que el papel se queme por completo y luego deshágase de las cenizas en un lugar seguro.

2. El cuenco ardiente

El cuenco ardiente es un ritual de destierro diseñado para eliminar la energía negativa de su vida. Para empezar, necesitará una vela y un cuenco o caldero a prueba de fuego. Coloque el cuenco en el centro de su espacio de trabajo y encienda la vela. Centre su intención en la llama y visualice cómo toda su negatividad es atraída hacia ella. Mientras lo hace, diga en voz alta o en su mente: «Destierro toda la negatividad de mi vida. Libero todo el miedo, la ira y el dolor. Estoy rodeado de luz y amor». Deje que la vela arda el tiempo que considere necesario y luego apáguela. Dé las gracias al fuego por su ayuda y sepa que ha dado un paso importante para desterrar la negatividad de su vida.

3. El destierro de Set

Set es un antiguo dios egipcio asociado con el caos, el desorden y la violencia. En muchos sentidos, personifica los peores aspectos de la naturaleza humana. Por esta razón, algunos practicantes de magia *Maat* realizan un ritual para desterrar a Set cuando desean librarse de influencias negativas.

El ritual es relativamente sencillo. En primer lugar, invoque a Set al mundo mediante una declaración de intenciones. A continuación, visualice a Set desterrado de su presencia, ahuyentado por la luz de Maat. Por último, devuelva a Set al vacío caótico del que procede.

Aunque pueda parecer poca cosa, este ritual es muy poderoso. Al desterrar a Set, expulsa las fuerzas destructivas que obstaculizan su crecimiento y desarrollo. Al hacerlo, crea espacio para el cambio positivo y la transformación en su vida.

Rituales de consagración

Los rituales de consagración son una parte importante de la magia *Maat*. Se utilizan para limpiar y purificar objetos que se utilizarán en hechizos o rituales. La consagración también puede utilizarse para consagrar un espacio, como un altar o un círculo. Hay muchas formas de realizar un ritual de consagración, pero todas comparten ciertos elementos básicos. En primer lugar, se limpia con agua el objeto o espacio que se va a consagrar. Esto representa el elemento agua y la pureza de Maat. A continuación, se añade sal al agua. Representa el elemento tierra y la energía de la tierra. Por último, se bendice la mezcla con las palabras: «Purifico y consagro este (objeto o espacio) en nombre de Maat». Esto completa el ritual e infunde al objeto o espacio energía positiva y mágica.

Rituales de invocación

La magia *Maat* es un antiguo sistema egipcio de magia y espiritualidad que se emplea para alcanzar diversos objetivos. Una de las aplicaciones más populares de la magia *Maat* es la invocación, que es el acto de llamar a un poder superior para que ayude a alcanzar un objetivo específico. Hay muchas maneras de realizar una invocación, pero todas ellas implican algún tipo de comportamiento ritual. Por ejemplo, algunas personas encienden velas o queman incienso como parte de la invocación, mientras que otras recitan oraciones o cánticos específicos. Independientemente de la forma que adopte, una invocación es una herramienta poderosa que le ayuda a alcanzar sus objetivos.

La magia *Maat* es un sistema de magia y espiritualidad que se utiliza para alcanzar diversos objetivos. Se basa en la antigua diosa egipcia Maat, que representa la verdad, la justicia y el equilibrio. En este capítulo se han tratado algunos de los aspectos más importantes de la magia *Maat*, como los elementos, los principios y los rituales. Los rituales de consagración se utilizan para limpiar y purificar los objetos que se utilizarán en hechizos o rituales. Los rituales de invocación se utilizan para invocar a un poder superior que ayude a alcanzar un objetivo específico.

Capítulo 9: Plegarias y meditaciones

Los antiguos egipcios eran profundamente espirituales y la oración formaba parte de sus vidas. La oración era una forma de conectar con las deidades y pedir su ayuda o guía. Hay muchos tipos diferentes de oraciones *kemetistas*, desde breves invocaciones hasta himnos largos y detallados. En este capítulo, se exploran algunas de las plegarias y meditaciones más comunes utilizadas por los antiguos egipcios

Cómo orar

Recuerde que las deidades siempre lo escuchan cuando ora. Puede pedirles cualquier cosa, grande o pequeña. También es importante ser lo más específico posible a la hora de pedir ayuda o guía. Cuanto más específico sea, más fácil les resultará a los dioses comprender sus necesidades. Aquí tiene algunos consejos que le ayudarán a empezar:

1. Empiece por decidir a quién quiere orar. Puede ser cualquiera de los dioses o diosas egipcios. Incluso puede rezar a varias deidades a la vez.
2. Piense en lo que quiere pedir. Sea lo más específico que pueda.
3. Elija el tipo de plegaria que mejor sienta que se adapta a sus necesidades.
4. Encuentre un lugar silencioso en el que pueda estar concentrado y relajado.

5. Respire hondo unas cuantas veces y permítase estar tranquilo y concentrado.
6. Comience la plegaria. Puede hacerlo en voz alta o en su mente.
7. Cuando haya terminado, tómese un momento para agradecer a los dioses por su tiempo y ayuda.
8. Finalmente, puede seguir con su vida, sabiendo que los dioses están con usted.

Oración a Ra

«Oh Ra, señor del sol,

Te pido fuerza y valor.

Te pido que hagas brillar tu luz en mi corazón,

Y me guíes a través de la oscuridad».

Oración a Bast

«Oh Bast, diosa de los gatos y protectora del hogar,

te pido protección.

Te pido que veles por mí y por mi familia,

y nos mantengas a salvo de cualquier daño».

Oración a Ptah

«Oh Ptah, dios del arte y la creación,

te pido inspiración.

Te pido que enciendas la creatividad en mi corazón,

Y me ayudes a ver la belleza en todas las cosas».

Oración a Sobek

«Oh Sobek, dios del Nilo y protector de los cocodrilos,

te pido fuerza y poder.

Te pido que me des el valor para enfrentarme a mis miedos,

y la fuerza para superarlos».

Oración a Hathor

«Oh Hathor, diosa del amor y la belleza,

te ruego por la felicidad.

Te pido que llenes mi corazón de amor,

Y me ayudes a encontrar alegría en todas las cosas».

Oración a Osiris

«Oh Osiris, dios del inframundo y juez de los muertos,
te ruego que me guíes.
Te pido que me ayudes a encontrar mi camino,
y me muestres la vía de la rectitud».

Oración a Isis

«Oh Isis, diosa de la maternidad y la curación,
te pido consuelo.
Te pido que alivies mi dolor y mi sufrimiento,
y me ayudes a encontrar la paz».

Oración a Horus

«Oh Horus, dios del cielo y protector del faraón,
te ruego por la victoria.
Te pido que me des la fuerza para luchar,
y el poder para triunfar».

Oración a Maat

«Oh Maat, diosa de la verdad y la justicia,
te pido equilibrio.
Te pido que me ayudes a ver los dos lados de cada cosa,
y a encontrar el camino del medio».

Meditaciones *Maat*

Meditación del Nilo

La meditación del Nilo es una meditación *Maat* que se puede utilizar para conectar con las energías del río Nilo. El Nilo es uno de los ríos más poderosos del mundo y ha sido fuente de vida para incontables generaciones. Al conectar con las energías del Nilo, accede a un profundo pozo de sabiduría y fuerza.

La meditación comienza imaginándose de pie a la orilla del Nilo. Vea su reflejo mirándolo desde el agua. Tómese un momento para concentrarse en su reflejo y conectar con su sabiduría interior. A continuación, imagine el flujo del río a su alrededor. Sienta el frescor del agua que pasa por sus pies y el calor del sol sobre su piel. Al inhalar, sienta que atrae la fuerza del río.

Déjese llenar por la fuerza del Nilo. Retenga esta energía en su interior durante unos instantes antes de devolverla a la corriente del río. A medida que suelta la energía, sienta cómo se profundiza su conexión con el río. Déjese invadir por una sensación de paz y bienestar. Cuando esté preparado, vuelva a ser consciente de lo que le rodea y respire hondo unas cuantas veces antes de continuar con su día.

Meditación del ojo de Ra

La meditación del ojo de Ra es una meditación *Maat* que se utiliza para conectar con las energías del dios del sol, Ra. Es el señor del sol y uno de los dioses más poderosos del panteón egipcio. Al conectar con su energía, accede a una profunda fuente de fuerza y coraje.

La meditación comienza imaginando que está en presencia de Ra. Sienta el calor del sol en su piel y el poder de la energía de Ra irradiando a su alrededor. Al inhalar, atraiga la energía del dios del sol. Llénese de su fuerza.

A continuación, imagine el propio sol. Sienta el calor de sus rayos sobre su piel y el poder de su luz brillando sobre usted. Al inhalar, atraiga la energía del sol. Llénese de su poder. Por último, imagínese a usted mismo como el sol. Sienta el poder de su luz iluminando el mundo.

Meditación de la pluma de Maat

La meditación de la pluma de Maat es una meditación *Maat* que se utiliza para conectar con las energías de la verdad y la justicia. Maat es la diosa de la verdad y la justicia y su pluma es un símbolo de equilibrio. Conectar con su energía le permite acceder a una profunda fuente de sabiduría y fuerza.

La meditación comienza imaginándose en presencia de Maat. Al mirarla, la ve sosteniendo una pluma en la mano. Tómese un momento para concentrarse en la pluma y sentir su energía irradiando a su alrededor. Al inhalar, atraiga la energía de la pluma. Llénese de la verdad y la justicia de Maat.

A continuación, imagine la pluma. Sienta la ligereza de su tacto y el poder de su presencia. Al inhalar, atraiga la energía de la pluma. Llénese de su poder. Mientras se mueve por el mundo, siéntase difundiendo las energías de la verdad y la justicia.

La meditación y las oraciones son herramientas poderosas que ayudan a conectar con las energías de las deidades egipcias. Este capítulo le ha proporcionado diferentes meditaciones y oraciones que puede utilizar para conectar con estas energías. Al hacerlo, accede a una profunda fuente de sabiduría y fuerza. Elija una meditación u oración que resuene con usted y utilícela como ayuda para su viaje.

Capítulo 10: Incorporar *Maat* a la vida moderna

La diosa egipcia Maat era la personificación de la verdad, la justicia, el equilibrio y el orden. Los antiguos egipcios creían que, si seguían los 42 preceptos de Maat, llevarían una vida recta que agradaría a los dioses y les reportaría éxito y felicidad en este mundo y en el otro. Aunque no vivimos en el antiguo Egipto, podemos aprender de la sabiduría de Maat y aplicarla a la vida moderna.

Este capítulo explora algunas de las formas en que podemos hacerlo. Primero, se ven algunas de las principales reglas de Maat y lo que significan. Después se exploran varias formas de incorporar estos principios a la vida moderna.

Seguir las reglas de Maat

Los 42 preceptos de Maat fueron recopilados por los antiguos egipcios. Abarcan una amplia gama de temas, desde el respeto a los dioses y a los padres hasta la justicia, la verdad, la moderación y mucho más. Estas 42 reglas se trataron en el capítulo 3, pero aquí hay varias acciones que se pueden llevar a cabo para seguirlas.

Respetar a los dioses

Los antiguos egipcios creían que los dioses eran responsables de todo en el mundo, desde el clima hasta la prosperidad humana. Creían que era crucial mostrar respeto a los dioses para mantener su favor. Hay varias formas de hacer esto mismo en la vida moderna. Se puede aprender sobre las diferentes deidades del antiguo Egipto y lo que representaban. Esto significa creer en ellas y honrarlas con palabras y actos.

Puede que en los tiempos modernos no haya dioses tradicionales a los que adorar, pero sí se puede respetar y honrar aquello en lo que se cree. Ya sea el Dios cristiano, Alá, Buda o cualquier otro, se puede mostrar respeto viviendo según sus enseñanzas.

Honrar a los padres

El respeto a los padres era otro valor importante en la antigua sociedad egipcia. Los egipcios creían que era crucial honrar a los padres para mantener su favor y apoyo. En la vida moderna, se puede honrar a los padres mostrándoles respeto, escuchando sus consejos y siguiendo su ejemplo. También se puede demostrarles aprecio haciendo cosas por ellos, como prepararles su comida favorita, llevarles a una excursión especial o simplemente pasar tiempo con ellos.

Hacer enmiendas

Si alguien infringía alguna de las reglas de Maat, debía enmendarlo. Esto podía implicar cualquier cosa, desde pedir disculpas a la persona a la que se había hecho daño hasta hacer un sacrificio a los dioses. En la vida moderna, se puede enmendar lo que se hace mal. Se puede pedir disculpas a la persona a la que se ha hecho daño e intentar arreglar las cosas. También se puede aprender de los errores y hacerlo mejor en el futuro. Esta es una parte esencial de vivir una vida según los principios de Maat.

Hablar con la verdad

En muchas culturas, decir la verdad se considera una virtud y a menudo se desprecia a quienes mienten o difunden falsedades. En algunos casos, como en los tribunales o en los negocios, la Ley obliga a decir la verdad. Sin embargo, incluso en la vida cotidiana, decir la verdad suele considerarse la mejor política. Cuando se es sincero, se fomenta la confianza y se crean relaciones basadas en el respeto mutuo.

La sinceridad era un valor importante en la antigua sociedad egipcia. En la vida moderna, es importante seguir esforzándose por ser sincero en palabras y acciones. También se puede ayudar a los demás a decir la verdad siendo abiertos y honestos. Así que la próxima vez que sienta la tentación de decir algo que no es verdad, piense en Maat y deje que su conciencia lo guíe.

Actuar con justicia

Una forma en que los individuos defendían a Maat era siendo justos en su vida cotidiana. Esto no solo significaba tratar a los demás con justicia, sino también asumir la responsabilidad de los propios actos. En la vida moderna, podemos esforzarnos por actuar con justicia. Podemos tratar a los demás con justicia, independientemente de su raza, religión o cualquier otra característica. También podemos responsabilizarnos por nuestras acciones. Esto incluye asumir nuestras decisiones y afrontar las consecuencias de nuestros actos.

Respetar la vida

Uno de los principios más importantes de Maat es el respeto a la vida. Esto incluye la vida humana y la vida animal. Los egipcios creían que toda vida era sagrada y debía tratarse con cuidado y compasión. Hacer daño a otra criatura era invitar al caos y al desorden a la propia vida. Siguiendo el principio del respeto a la vida, se puede crear un mundo más pacífico y armonioso. Cuando se muestra amabilidad y respeto a todo lo que nos rodea, se crea energía positiva que fluye hacia el universo.

Cuidar el ambiente

Mostrar respeto por el ambiente es una forma de honrar a Maat
https://unsplash.com/photos/a-persons-legs-and-feet-in-the-sand-I25mMNWWB38

Otra forma de honrar a Maat es respetando el medio ambiente. En la antigüedad, los egipcios creían que los dioses residían en la naturaleza y construían templos y santuarios en entornos naturales. También dependían del río Nilo para su subsistencia y evitaban dañar las plantas y los animales que vivían en él. En la vida moderna, se puede respetar el medio ambiente, por ejemplo, no contaminando. También se puede trabajar para proteger las especies amenazadas y sus hábitats.

Ser generoso

Una forma de seguir las reglas de Maat era ser generoso. La generosidad se consideraba una forma de restablecer el equilibrio y la armonía. Se creía que dar generosamente el tiempo, el talento y los recursos propios contribuía a crear un mundo más justo y pacífico. En el mundo actual, la idea de ser generoso puede parecer un simple acto de bondad. Sin embargo, sigue siendo un valor importante. Siendo generoso, ayuda a hacer del mundo un lugar mejor para todos.

Mantenerse puro

Los antiguos egipcios creían en el principio de *Maat*, que puede traducirse aproximadamente como equilibrio u orden. Para ellos, *Maat* era el estado ideal del individuo y del universo, y se esforzaban por vivir según sus enseñanzas. Uno de los aspectos clave de *Maat* era la pureza, tanto en términos de limpieza física como moral. Los egipcios creían que manteniendo su pureza podrían mantener el mundo en equilibrio.

En la práctica, esto significaba que se bañaban con regularidad y evitaban comer alimentos impuros. Vestían con modestia y se abstenían de actividades que pudieran considerarse moralmente cuestionables. Siguiendo la regla de *Maat*, los egipcios esperaban alcanzar un estado de armonía tanto en su interior como en el mundo que les rodeaba.

Ser moderado

La regla de *Maat* es un antiguo principio egipcio que promueve el equilibrio y la moderación en todas las cosas. La diosa Maat personifica este ideal, y su nombre se utiliza a menudo para referirse al concepto de verdad, justicia y orden. En la práctica, la regla de *Maat* significa vivir en armonía consigo mismo y con el entorno. Se trata de encontrar el término medio entre los extremos y evitar los comportamientos excesivos. Esto puede aplicarse a todo, desde la dieta y el ejercicio hasta el trabajo y las relaciones. Siguiendo la regla de *Maat*, se crea un modo de vida más equilibrado y sostenible.

Seguir el camino de la rectitud

En el antiguo Egipto, los faraones eran considerados mediadores entre los dioses y los humanos y eran responsables de mantener a *Maat*. Para ello, debían seguir el camino de la rectitud. Si se desviaban de *Maat*, eran juzgados por Osiris, el dios de los muertos. El juicio se basaba en sus actos en vida. Si eran hallados deficientes, eran arrojados al inframundo.

Por lo tanto, seguir el camino de la rectitud era esencial para evitar la condena eterna. Hoy en día, todavía es posible aprender de los antiguos egipcios siguiendo los principios de *Maat* en la propia vida. Viviendo con verdad, justicia y armonía, se puede crear un mundo más equilibrado y ordenado para el presente y para las generaciones futuras.

Subordinar los deseos

La regla de *Maat* es un antiguo principio egipcio que se remonta a la época de los faraones. La palabra *Maat* se refiere a la verdad, la justicia y el equilibrio, y el principio de *Maat* dicta que se debe vivir la vida defendiendo estos valores. En la práctica, esto significa subordinar sus deseos a favor de lo que es correcto y bueno.

Es fácil quedar atrapado en los deseos y necesidades, pero si se da un paso atrás y se considera el efecto de las propias acciones en los demás, queda claro que a veces es necesario dejar de lado los intereses personales por un bien mayor. Al hacerlo, se crea un mundo más justo y armonioso para todos.

Resistir a la tentación

En la antigua sociedad egipcia se creía que defender los principios de *Maat* traía prosperidad y buena fortuna. La idea de resistir la tentación es fundamental. En un mundo en el que es tan fácil ceder a los propios deseos, el autocontrol es una tarea difícil. Sin embargo, la recompensa de seguir las enseñanzas de *Maat* merece el esfuerzo. Cuando se resiste la tentación, se forja el carácter y la fuerza de voluntad. También se aprende a estar contento con lo que se tiene en lugar de perseguir constantemente lo que es deseado.

Hacer sacrificios

En la sociedad egipcia se creía que el equilibrio era esencial para la armonía individual y comunitaria. Por ello, muchas personas hacían sacrificios a la diosa. Podían ser ofrendas materiales, como comida o joyas, o más abstractas, como actos de abnegación o abandono de malos hábitos. Al hacer sacrificios a Maat, la gente esperaba alcanzar el equilibrio en su propia vida y hacer una contribución positiva al mundo que les rodeaba. Aunque las posesiones materiales pueden ser valiosas, no son lo único por lo que merece la pena sacrificarse. A veces, es más importante sacrificar el tiempo, la energía o incluso la felicidad por el bien de los demás.

Agradecer

Dar las gracias es una parte importante de seguir la regla de *Maat*. Su nombre significa «el camino correcto» o «la verdad». La regla de Maat se basa en los principios de verdad, justicia, equilibrio y orden. Estos principios deben guiar la vida.

Cuando se agradece, se reconoce el valor de algo que se ha recibido. También se indica la voluntad de corresponder de alguna manera. Al dar las gracias, se muestra nuestro respeto por el orden natural de las cosas. También se demuestra el compromiso de seguir la regla de *Maat*.

Buscar el perdón

Muchas personas buscan el perdón sin entender realmente qué es lo que están pidiendo. Abordan el perdón como si se tratara de una simple transacción. Por ejemplo, hacen algo malo y quieren ser perdonados para seguir adelante con sus vidas. Sin embargo, el perdón no es tan sencillo. El verdadero perdón requiere que ambas partes comprendan lo que sucedió y lleguen a un punto de resolución. Sin esta comprensión, el dolor y la rabia pueden seguir supurando, dando lugar al resentimiento y la amargura.

El concepto egipcio de *Maat* proporciona un marco útil para entender cómo buscar el perdón de una manera que conduzca a la curación y la reconciliación. *Maat* se basa en la idea de verdad y equilibrio. Cuando alguien ha hecho daño a otro, debe asumir la responsabilidad de sus actos y arreglar las cosas. Esto puede implicar disculparse, restituir o incluso sufrir las consecuencias. Solo entonces se produce el verdadero perdón.

Si se toma el tiempo necesario para buscar el perdón de una manera que promueva la curación y la reconciliación, puede crear relaciones basadas en el respeto y la confianza.

Arrepentirse de los errores

Según las antiguas enseñanzas egipcias de Maat, cada persona es responsable de sus actos y debe equilibrarse espiritualmente. Una forma de alcanzar este equilibrio es arrepentirse de los errores cometidos. Para ello, primero debe asumir la responsabilidad de sus actos y, a continuación, tomar medidas para enmendarlos. Esto puede implicar pedir disculpas a quien ha hecho daño, o hacer una donación a una causa que merezca la pena. Así, puede restablecer el equilibrio en su vida y convertirse en una persona mejor. En última instancia, seguir las enseñanzas de *Maat* conduce a una vida más plena y pacífica.

Comprender la vida después de la muerte

Los antiguos egipcios creían en una vida después de la muerte y tenían elaborados rituales y creencias en torno a ella. Según esta creencia, el alma debía estar en equilibrio para alcanzar la inmortalidad. El pesaje del corazón era un ritual que se realizaba después de la muerte y determinaba si el alma era lo suficientemente pura para entrar en la otra vida. Si el corazón pesaba más que una pluma, significaba que el alma estaba desequilibrada y sería devorada por un monstruo. En cambio, si el corazón era más ligero que la pluma, significaba que el alma estaba en armonía y se le permitiría entrar en la otra vida. La regla de *Maat* era solo una de las muchas creencias que los antiguos egipcios tenían sobre la muerte y el más allá.

Perseverar en la adversidad

Los antiguos egipcios creían que la vida era un viaje y que todos tenían que perseverar en los momentos difíciles. Creían que soportar retos difíciles hacía mejores personas. Este es un principio básico de la regla de *Maat*. Afrontando las adversidades y superándolas, se aprende y se crece. También se es más compasivo y comprensivo con los demás. Cuando persevera en los momentos difíciles, no solo se hace más fuerte, también contribuye a crear un mundo mejor.

Creer en los dioses

Según el sistema de creencias del antiguo Egipto, los dioses eran los responsables de mantener el equilibrio en el universo. La idea de confiar en los dioses para mantener el equilibrio puede parecer extraña hoy en día, pero era una parte esencial de las creencias de los antiguos egipcios. Los egipcios creían que todo en el universo estaba conectado y que los humanos eran una pequeña parte de un todo mucho mayor.

Como tal, consideraban que era su responsabilidad defender el *Maat* y mantener las cosas en armonía. Esto se hacía mediante acciones individuales, como llevar una buena vida; o mediante esfuerzos comunitarios, como trabajar juntos para construir templos y pirámides. Siguiendo la regla de *Maat*, los antiguos egipcios esperaban mantener el equilibrio en sus vidas y en el universo.

Ser amable

Ser amable es una de las cosas más importantes. No cuesta nada y marca la diferencia en la vida de alguien. Todos los días se tiene la oportunidad de ser amables con los demás. Sonreír a alguien, hacerle un cumplido o realizar un acto de bondad al azar. Cuando se toma el tiempo de ser amable, difunde energía positiva y buena voluntad. Y eso siempre es bueno.

Ser amable también tiene muchos beneficios. Varios estudios han demostrado que la amabilidad se asocia con niveles más bajos de hormonas de estrés, presión arterial, ansiedad y depresión. También mejora el sistema inmunitario y proporciona una sensación de satisfacción y bienestar. Así que la próxima vez que tenga la oportunidad de ser amable, hágalo.

Ayudar a los necesitados

Durante siglos, las culturas de todo el mundo han mantenido la creencia de que quienes han sido bendecidos con buena fortuna deben compartir sus bendiciones con los menos afortunados. Esta idea se resume en el concepto egipcio de *Maat*, que insta a todos a comportarse de forma que se promueva el equilibrio y la armonía. Una forma de defender *Maat* es ayudar a los necesitados.

Ya sea echar una mano a un vecino o trabajar como voluntario en un comedor social local, los actos de bondad crean un sentimiento de comunidad y unen a la gente. En un mundo a menudo lleno de conflictos y divisiones, seguir la regla de *Maat* es una forma poderosa de provocar un cambio positivo.

Llevar una vida modesta

La regla de Maat es la antigua filosofía egipcia que aboga por el equilibrio, la moderación y la verdad en todas las cosas. Se basa en la idea de que el mundo es un lugar caótico y en constante cambio y que, llevando una vida modesta, se mantiene el orden y la armonía. Esta filosofía se aplica a muchos ámbitos de la vida, pero es especialmente relevante cuando se trata de las posesiones materiales.

En un mundo bombardeado constantemente con publicidad y mensajes destinados a comprar más cosas, puede ser difícil resistirse a la tentación de acumular posesiones materiales. Sin embargo, si se recuerda la regla de *Maat*, se puede llevar una vida más modesta y concentrarse en lo verdaderamente importante. Cuando se vive con moderación, se crea espacio para experiencias y relaciones que son más importantes que las cosas materiales.

Se sienten menos las ataduras por las posesiones y más libertad para perseguir los sueños y metas. Así que la próxima vez que sienta el impulso de derrochar en algo nuevo, tómese un momento para reflexionar sobre la regla de *Maat*. Aplicando la modestia, crea una vida más rica y satisfactoria para usted y para quienes le rodean.

Ser paciente

En la vida, se puede considerar la paciencia como la pluma. Se puede usar para pesar el propio corazón y ver si se vive en un estado de equilibrio. Al igual que *Maat* representa la verdad y la justicia, la paciencia representa el equilibrio. Cuando se es paciente, se es capaz de ver los dos lados de una situación y tomar decisiones basadas en lo que es justo y equitativo. También se deja de lado el ego y se aceptan las cosas como son. Por eso, la paciencia se considera una virtud, una cualidad que ayuda a llevar una vida más equilibrada y satisfactoria.

Consejos para honrar a Maat en la vida cotidiana

Afortunadamente, no hace falta ser una deidad para vivir una vida según *Maat*. Puede hacer muchas cosas sencillas para vivir de forma ética y en armonía con el mundo que le rodea. Aquí tiene algunos consejos adicionales:

- Sea sincero en sus interacciones con los demás. Esto no significa que tenga que compartir todo sobre usted, pero sí ser sincero cuando le hagan preguntas directas.
- Respete la propiedad ajena. Esto incluye las pertenencias físicas y cosas como ideas y trabajos creativos. Reconozca los méritos de los demás y no se apropie de lo que no le pertenece.
- Sea considerado con los sentimientos de los demás. Esto incluye hablar y escuchar con respeto. Evite decir o hacer cosas hirientes, aunque sea en broma. Si alguien le ha hecho daño, intente ver su versión de los hechos antes de enfadarse.
- Sea responsable con el medio ambiente. Cuide del planeta reciclando, reduciendo los residuos y conservando la energía y los recursos.

Por supuesto, estas son solo pequeñas muestras de cómo vivir según *Maat*. Lo más importante es que sea consciente de sus actos y del impacto que tienen en usted mismo y en quienes le rodean. Vivir con integridad y respeto ayuda a crear un mundo más armonioso para todos.

La regla de *Maat* es una poderosa filosofía que ayuda a llevar una vida más equilibrada y plena. Siendo honesto, respetuoso y considerado con los demás, puede crear un mundo más armonioso para todos. Y siendo paciente y viviendo con moderación, libera tiempo y espacio en su vida para cosas verdaderamente importantes. Así que la próxima vez que se sienta perdido en el mundo material, recuerde las reglas de *Maat* y esfuércese por vivir una vida de equilibrio y armonía.

Conclusión

Cuando se vive según las enseñanzas de Maat, se crea equilibrio y armonía tanto en el interior como en el mundo circundante. Se mantiene una sintonía con los ritmos naturales de la vida y el universo y se es más capaz de superar los altibajos que inevitablemente se presentan en el camino. Al vivir de acuerdo con *Maat*, no solo se honra a la diosa y a las antiguas tradiciones kemetistas, también se emprende el camino hacia una vida más plena y alegre.

Esperamos que esta guía completa haya sido una buena introducción a la religión *kemetista* y a la diosa Maat. Hay muchos recursos disponibles impresos y en internet si desea obtener más información. La mejor manera de aprender es encontrar una comunidad local o un grupo con el que pueda conectar en persona. No hay nada como aprender y compartir experiencias con otras personas que están en el mismo camino espiritual que tú.

En este libro de fácil comprensión, se ha tratado la historia y los orígenes de Maat. También se habló de los siete principios y las 42 leyes que forman la base de esta antigua religión egipcia. Ha aprendido sobre algunas de las deidades más importantes del *kemetismo* y cómo honrarlas en su vida. Se ha hablado de la importancia de los ancestros y de cómo construir un santuario para honrarlos. Finalmente, se ha explorado cómo incorporar a Maat en la vida moderna a través de la magia, la meditación y la oración.

Aunque hay mucho que aprender sobre Maat y el *kemetismo*, esperamos que este libro le haya dado una buena base sobre la que construir. Usando la información y los recursos adquiridos, puede empezar a crear su relación con Maat y vivir una vida más equilibrada y armoniosa. Tómese su tiempo, avance a su propio ritmo y escuche a su corazón. A través de este viaje de autodescubrimiento, se comprende verdaderamente a la diosa Maat y todo lo que representa.

Segunda Parte: Magia del antiguo Egipto

La guía definitiva de dioses, diosas, adivinación, amuletos, rituales y hechizos del antiguo Egipto

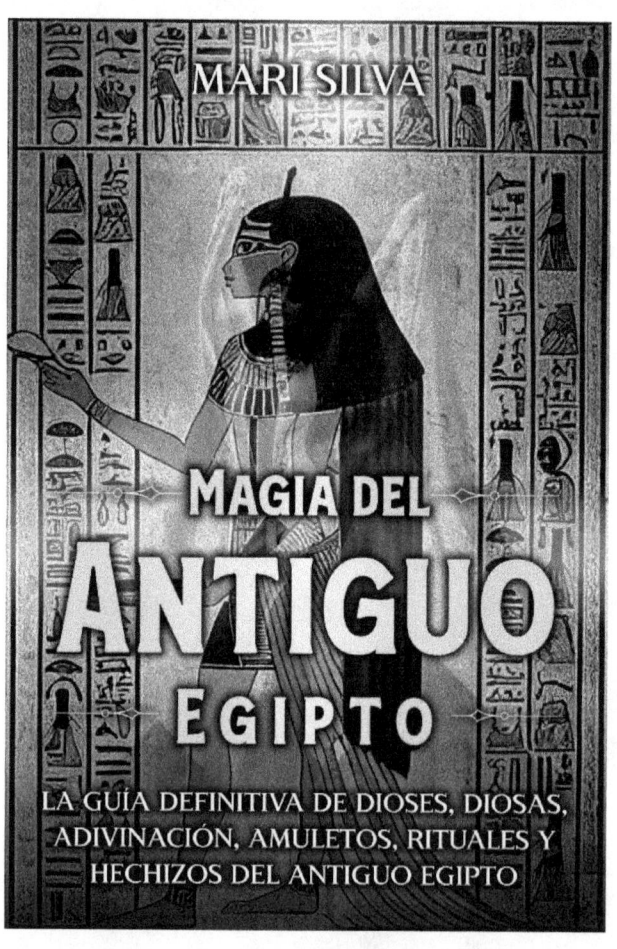

Introducción

¿Alguna vez se ha preguntado sobre la religión del antiguo Egipto? Tal vez se haya preguntado qué deidades adoraban y qué tipo de magia practicaban.

Aunque la religión y la magia del antiguo Egipto puedan parecer reliquias de una época pasada, han fascinado a la gente durante generaciones y siguen haciéndolo hoy en día. Numerosas órdenes herméticas han incorporado la magia y la religión egipcias a sus prácticas. Órdenes como la Orden Rosacruz, la Orden hermética de la aurora dorada y Stella Matutina incorporaron muchas creencias egipcias a sus prácticas, como el uso del anj y el tocado nemes.

Sin embargo, también es cierto que la antigua religión egipcia se ha diluido y distorsionado con el paso de los años, hasta el punto de que puede resultar difícil distinguir qué tradiciones son reales y cuáles fueron añadidas por practicantes posteriores.

Este libro le ayudará a comprender con más detalle la religión y la magia del antiguo Egipto. Es una excelente introducción para los recién llegados interesados en la magia del antiguo Egipto y para los practicantes experimentados que buscan más orientación. Exploraremos lo que los antiguos egipcios pensaban sobre la magia, las deidades que adoraban y que estaban asociadas con su práctica mágica, y sus creencias de filosofía, cosmología y la creación del universo.

Exploraremos la importancia fundamental de la magia no sólo en la religión y las prácticas funerarias del antiguo Egipto, sino también en su vida cotidiana. Muchos de los símbolos que hoy sólo conocemos como jeroglíficos tenían un significado mágico, y veremos algunos de los más importantes. También veremos el papel vital que desempeñaban los amuletos y otras herramientas mágicas en la sociedad egipcia.

Este libro no es simplemente una visión erudita de la práctica mágica del antiguo Egipto. También ofrecemos formas fáciles y eficaces de incorporar la magia del antiguo Egipto a su vida cotidiana.

Este libro le ayudará a hacer sus propios amuletos del antiguo Egipto y le dará una mejor comprensión de cómo utilizar otras herramientas mágicas como las figuras ushabti. También trataremos la adivinación en el antiguo Egipto y explicaremos cómo se pueden utilizar estas formas de adivinación en el mundo actual. Además, veremos el uso de plantas y hierbas sagradas en los hechizos del antiguo Egipto y le mostraremos cómo puede usarlas en su práctica mágica.

Finalmente, ofreceremos una visión general de los diferentes tipos de hechizos y rituales del antiguo Egipto. Ofreceremos una lista de hechizos y rituales que puede usar como punto de partida cuando incorpore la magia del antiguo Egipto en su vida y proporcionaremos instrucciones sobre cómo llevar a cabo estos rituales. También ofreceremos formas de incorporar la magia del antiguo Egipto a las prácticas mágicas de la nueva era.

Capítulo 1: Los antiguos egipcios y la magia

A diferencia de la definición moderna de magia, la magia del antiguo Egipto no implicaba ilusiones, trucos o sombreros extraños. En cambio, giraba en torno al poder de las leyes naturales creadas por figuras místicas o sobrenaturales. Según las creencias del antiguo Egipto, la creación y la existencia iban de la mano de la magia. Como se verá en el capítulo siguiente, la creación del cosmos, el mantenimiento de la paz y la dinámica de la vida cotidiana tenían que ver con la magia. Servía como fuente de curación y abundancia, como método de tranquilidad y como garantía de la vida después de la muerte. Afectaba todos los aspectos de la vida, desde despertarse por la mañana y entablar relaciones sociales hasta preparar o cocinar los alimentos. Los antiguos egipcios creían que el ciclo de la vida era mágico. El embarazo, el nacimiento, el viaje de la vida, la muerte y el concepto del más allá estaban regidos por una deidad mayor y más antigua que la existencia. Esta deidad es lo que conocemos como *Heka* o magia.

Los antiguos egipcios creían que los sacerdotes, faraones, magos e incluso las personas comunes, podían invocar la magia a través de dioses y diosas. El hecho de que fuera una parte vital de las ceremonias y rituales de curación demuestra lo importante que era la magia. Los practicantes utilizaban escrituras sagradas y hechizos para protegerse de las enfermedades, el mal y cualquier forma de peligro. Aunque la magia se asociaba principalmente a fines nobles, como la curación, la protección y como complemento de la medicina, algunas personas la utilizaban con fines maléficos, como la magia negra y el lanzamiento de maleficios y maldiciones. También se creía que se podían infundir propiedades mágicas a objetos inanimados, como amuletos y varitas mágicas.

Heka, en pocas palabras, era la forma divinizada de la magia. Algunas deidades como Bes, Shed, Wadjet y Tutu la utilizaban para ayudar y proteger a los humanos. Por ejemplo, a las mujeres que tenían problemas para quedar embarazadas se les solía aconsejar que visitaran una cámara de Bes en un templo y pasaran allí una noche. Los antiguos egipcios pensaban que esta práctica podía ayudarlas a concebir, razón por la que estas salas solían llamarse cámaras de incubación. Bes era el dios de la fertilidad, el parto y la sexualidad, por lo que las mujeres estériles llevaban amuletos y tatuajes de esta deidad.

Bes también era un símbolo popular de protección en el parto. Las familias de recién nacidos solían utilizar amuletos e imágenes de Bes para protegerlos durante la infancia. Estas tradiciones se les enseñaban cuando entraban en la edad adulta. Más adelante, aprenderá que la magia y los rituales también se practicaban en la muerte de una persona.

En este capítulo, aprenderá todo sobre Heka y la magia en el antiguo Egipto. Conocerá los distintos tipos de magia y cómo se practicaba en vida y al morir.

¿Qué es Heka?

Heka es la encarnación de la magia y la medicina como deidad. La magia deificada, o Heka, es anterior a cualquier otra deidad del panteón egipcio de dioses y diosas. El propio término significa «magia» en la antigua lengua egipcia. Heka también se utilizaba para referirse a entidades y fuerzas sobrenaturales, especialmente aquellas que contribuyeron a la creación del universo y el cosmos. Una traducción literal de la palabra «Heka» sería «el uso de ka». Según la antigua religión egipcia, *ka* es el espíritu divino o fuerza vital que protege al individuo. Es una porción o faceta del alma tanto de las deidades como de los individuos. Se creía que ka seguía viviendo después de la muerte de la persona (algo parecido a lo que pensamos de un alma). Los antiguos egipcios pensaban que residía en estatuas, iconos o imágenes, razón por la cual construyeron numerosas estatuas de sus gobernantes y deidades.

Como todo el mundo podía acceder a Heka y practicarla, podía utilizarse tanto con fines nobles como maléficos. Por eso el término puede entenderse en cierto modo como un proceso sobrenatural para provocar un resultado o cambio deseado. Los egiptólogos sugieren que también puede entenderse vagamente como un sistema que los antiguos egipcios utilizaban para hacer frente a sucesos y situaciones irracionales o injustificables. En la mitología, el símbolo de Heka contiene las dos serpientes que Heka derrotó una vez. Hay muchas configuraciones, pero suelen estar sobre su cabeza o alrededor de sus brazos levantados.

Para ilustrar aún más la importancia de Heka en la cultura del antiguo Egipto, hay que señalar que los antiguos médicos egipcios se llamaban a sí mismos los «sacerdotes de Heka». Los egipcios solían acudir a ellos en busca de ayuda relacionada con la magia o la curación. También consultaban a esos médicos siempre que buscaban protección contra enfermedades y dolencias. Las técnicas médicas tradicionales solían complementarse con ritos y rituales mágicos para curar a los pacientes.

Numerosos faraones, dioses y diosas del antiguo Egipto aparecían representados con látigos o cetros de Heka en tablillas, escarabeos y estatuas. Los gobernantes egipcios y los individuos con poder eran representados portando un cetro de *sekhem*, o poder. Este cetro se utilizaba para asignar poder terrenal a su portador. Quizá le sorprenda saber que Seichim, una técnica curativa moderna similar al reiki, deriva de la palabra «sekhem». Este cetro, sin embargo, no debe confundirse con el cetro Heka, que fue diseñado para delegar habilidades y poderes mágicos con fines curativos.

La palabra Heka se refiere a la deidad y a la práctica mágica en sí. En otras palabras, durante la práctica Heka, los practicantes invocaban a Heka. Esta deidad se identificó por primera vez durante el periodo predinástico, y el concepto se elaboró aún más durante el periodo dinástico temprano. También se encuentra en los textos antiguos de Pirámide y ataúd, Periodo intermedio y Reino antiguo.

Al igual que la diosa Maat (de la que hablaremos más adelante), Heka carecía de templos y cultos. Esto no se debe a que la deidad careciera de poder, sino simplemente a que el concepto de Heka afectaba a todos los aspectos de la vida del egipcio antiguo medio. Cuando se habla de Maat o Heka, se suele hacer referencia al concepto o fuerza subyacente.

Practicantes y técnicas

Como probablemente ya sabrá, el Creador utilizó numerosas fuerzas, incluida la magia, para crear el cosmos. Según la antigua tradición egipcia, incluso los comportamientos simbólicos pueden producir resultados reales o tangibles. Se creía que todos los dioses y diosas del panteón egipcio poseían esta capacidad. Sin embargo, sus poderes mágicos variaban, al igual que las normas sobre cómo cada uno podía poner en práctica Heka.

La razón por la que los sacerdotes experimentados eran los principales practicantes de Heka era que se creía que eran los protectores de la información confidencial y especial que les concedían las deidades. Se creía que este conocimiento era un regalo para la humanidad que podía aliviar el mal destino. Los sacerdotes lectores que podían comprender los antiguos libros mágicos eran los practicantes de Heka más apreciados. Se creía que estos individuos daban vida a figuras de animales de cera. Los antiguos egipcios también creían que los sacerdotes lectores podían hacer retroceder el agua de los lagos. También realizaban rituales para proteger a sus gobernantes e incluso ayudar a reencarnar a los muertos. Los sacerdotes asociados a Sekhmet, la diosa de la peste, eran los más dotados para la magia curativa.

Los encantadores de escorpiones realizaban rituales para eliminar los efectos venenosos de los insectos

https://www.pexels.com/photo/black-and-brown-insect-with-pincers-1981542/

Los encantadores de escorpiones, como su nombre indica, utilizaban la magia para eliminar los efectos venenosos de insectos y reptiles. Las comadronas, enfermeras y otros profesionales de la medicina también incorporaban la magia a sus prácticas. Los amuletos, que los antiguos egipcios podían obtener de sacerdotes especializados, eran otra fuente popular de Heka.

Los antiguos egipcios practicaban la magia sobre todo al amanecer. Los que la practicaban se mantenían puros para potenciar la magia, absteniéndose del sexo y de las relaciones románticas. También se mantenían alejados de las mujeres que estaban menstruando y de los embalsamadores activos. Para aumentar su pureza, se bañaban y lavaban a conciencia, vestían ropas limpias y comían alimentos limpios antes de realizar cualquier rito.

La magia escrita se consideraba la forma de práctica más apreciada, ya que muy pocos egipcios sabían leer y escribir. Los hechizos solían consistir en palabras y acciones físicas. Todas las palabras debían pronunciarse correctamente, ya que sólo así se activaba la magia contenida en el amuleto o la poción.

Tipos de magia

Como ya hemos dicho, había dos tipos de magia: la magia protectora, curativa, blanca o benéfica, y la magia desafortunada, dañina, negra o maléfica.

Además de para curar y proteger, la magia blanca se utilizaba a menudo para lanzar hechizos de amor, favorecer la concepción y el parto, acompañar a los difuntos en su viaje al más allá, etc. Por otro lado, la magia negra se asociaba normalmente con maleficios, vudú y maldiciones. La mayoría de las deidades que practicaban Heka eran dioses y diosas protectores, lo que significa que practicaban la magia blanca o curativa.

Los amuletos cargados con magia blanca se utilizaban para ahuyentar a los malos espíritus y atraer la abundancia u otras fuerzas beneficiosas. Aunque se podía practicar la magia negra, se creía que quien la practicara se enfrentaría a graves repercusiones. Los antiguos egipcios creían en el concepto de karma y valoraban la idea de reciprocidad.

La magia en la vida

Las mujeres sabias conocidas como videntes no sólo eran capaces de prever el futuro, sino que también servían como instrumentos de curación. Muchos egiptólogos creen que estas personas eran una constante en las creencias espirituales. Las videntes podían ayudar a interpretar visiones o sueños, favorecer la concepción y el parto, y recetar remedios a base de hierbas. Los videntes no necesariamente sabían leer y escribir. Sin embargo, entre otros individuos, a menudo memorizaban hechizos para poder utilizarlos siempre que lo necesitaran.

Los antiguos egipcios de todas las clases sociales recurrían a Heka y a las prácticas mágicas en numerosos aspectos de su vida cotidiana. Todos, desde gobernantes y miembros estimados de la sociedad hasta personas esclavizadas y campesinos, utilizaban la magia y creían en su poder para cambiar situaciones. Los egiptólogos han confirmado esta información examinando la cantidad de amuletos encontrados en yacimientos históricos egipcios. Era un método de autodefensa muy eficaz porque cualquiera con los conocimientos adecuados podía emplearlo a su favor. Esto significaba que incluso cuando no había enfermeras, médicos o sacerdotes cerca, la gente podía lanzar sus propios hechizos y realizar los rituales apropiados.

Había hechizos y rituales para todos los propósitos. Por ejemplo, la magia era la respuesta si alguien necesitaba impulsar su negocio o productividad, superar un reto, vencer una enfermedad, promover la fertilidad o incluso maldecir a su adversario. En el antiguo Egipto, el nombre de una persona estaba relacionado con su identidad. De hecho, creían que a cada persona se le concedía un nombre secreto, que también se conocía como «el ren». Sin embargo, este nombre sólo lo conocían el individuo y las deidades. Descubrir el nombre secreto de otra persona significaba que ésta había sido dominada. Sin embargo, descubrir el nombre secreto de otra persona no era la única forma de ganar control sobre ella. Calumniarlos o borrar completamente su nombre de la historia era otra forma de hacerlo.

Magia en la muerte

Heka era tan importante en la muerte como en la vida cotidiana. La momificación, quizá la forma de magia más popular del antiguo Egipto, se practicaba para preservar el cuerpo del difunto. La idea principal de la momificación era garantizar que el alma de la persona pudiera encontrarla en la otra vida. Los sacerdotes también llevaban a cabo un ritual final en el funeral del difunto. Se conocía como «Ceremonia de apertura de la boca» e implicaba el uso de objetos para tocar el cadáver en varios lugares. El objetivo de esta práctica era garantizar que el difunto pudiera utilizar todos sus sentidos en la otra vida. También utilizaban amuletos para proteger a las momias en la tumba y dejaban objetos prácticos y favorecedores para que pudieran ser utilizados en la otra vida.

Incluso si practica formas modernas de magia, puede parecerle imposible comprender las antiguas formas de magia. Esto se debe a que, con el tiempo, hemos obtenido una comprensión diferente y mejorada del mundo que nos rodea. Por muy sofisticadas que parecieran las antiguas creencias egipcias, no representaban necesariamente la verdad última y los secretos del universo.

Capítulo 2: Creación, cosmología y filosofía

El antiguo mito egipcio de la creación es muy elaborado, como otros cuentos y fábulas. No es de extrañar que existan numerosas versiones del relato egipcio sobre cómo surgió el cosmos. En esencia, se creía que los dioses responsables de la creación del mundo eran los que dictaban el flujo de la naturaleza, las estructuras sociales y los principios básicos de la vida. El mito de la creación se encuentra en textos antiguos, edificios, pergaminos, tumbas y templos. El relato cuenta cómo el dios Atum consiguió crear la Tierra de la nada, sólo del caos. Por eso tenían a la Tierra en la más alta estima, confiando en que era un lugar sagrado que reflejaba el hogar de los dioses en el cielo.

Según los antiguos egipcios, la creación del cosmos no fue un trabajo de la noche a la mañana. Pensaban que el universo se había creado a lo largo de extensos periodos en los que los dioses residían en la Tierra. Cada uno de ellos construía reinos sobre los cimientos de la justicia, que transmitía al faraón legítimo cuando llegaba el momento de regresar al cielo.

El *Libro de los muertos egipcio* explica que el dios de Heliópolis, Atum, fue el artífice de la creación del universo. Relata que el mundo no era más que un vasto espacio de oscuridad y aguas que fluían sin dirección. Se le conocía como «Nun». Nun encarnaba un total de 4 pares de deidades tanto femeninas como masculinas. Cada pareja simbolizaba uno de los 4 principios de Nun, que son el agua infinita, la invisibilidad, la oscuridad y un sentido de la orientación disminuido.

La creación del universo comenzó cuando Atum se creó a sí mismo de la nada. Utilizó el poder y la voluntad de su nombre para surgir de Nun. A partir de entonces se le conoció como el creador de todas las deidades y de los humanos, y se le encargó instaurar el orden en la Tierra y en el cielo (o cielos). Atum era el soberano de los cielos y de la Tierra, por lo que portaba el símbolo de la vida conocido como ankh. Atum llevaba un cetro dondequiera que iba, el símbolo de la autoridad dentro de la monarquía, y se le representa con él junto con la doble corona.

En este capítulo, descubriremos el antiguo mito egipcio de la creación. También profundizaremos en la cosmovisión del antiguo Egipto, sus creencias espirituales y el concepto de la vida después de la muerte. Al final, habrá comprendido filosofías como los siete principios de Maat y la idea de pesar el corazón ante Aaru.

El mito de la creación en el antiguo Egipto

Las historias relatadas en las paredes de las pirámides sugieren que Atum se creó a sí mismo a partir de la oscuridad y el caos y surgió como un pájaro Bennu. Cuando salió el sol, Atum emprendió el vuelo, viajando desde Heliópolis, y aterrizó en un obelisco (Benben), la representación de la luz del sol. Se envolvió en fuego tras construir un nido de ramas y hierbas. En la mayoría de las pirámides, y en algunos obeliscos, se ve una piedra de remate en la cúspide. Esta piedra simboliza el renacimiento, la renovación y la vida eterna.

Al principio de la creación, Atum creó gemelos, un hijo y una hija. El hijo, Shu, representa el aire árido que nos rodea, y la hija, Tefnut, el aire húmedo. Juntos, representan la vida y la justicia, o el derecho, los dos principios fundamentales universales de la existencia humana. También eran los responsables de separar el cielo del agua. Shu y Tefnut se convirtieron en padres, trayendo al mundo a Nut y Geb. Nut representa el cielo, y Geb representa la tierra (tierra seca). Cuando las aguas primordiales se retiraron (Nut), quedó al descubierto un montículo de tierra (Geb). Esto dio paso a la primera porción de tierra firme y seca donde Ra, el dios del sol, pudo por fin descansar. Durante el periodo dinástico del antiguo Egipto, se hacía referencia a Atum como Ra. El título Ra aludía a la primera salida del sol.

Juntos, Geb y Nut crearon cuatro hijos: el dios del orden, Osiris, el dios del desorden, Seth, e Isis y Neftis, sus hermanas. La descendencia de

Geb y Nut dio paso a toda una nueva generación que finalmente contribuyó al cese de la enéada heliopolitana. Esta enéada estaba formada por nueve deidades, empezando por Atum.

Como hemos mencionado anteriormente, el mito de la creación se relata de varias maneras. Una de ellas cuenta que la enéada heliopolitana fue sustituida por la ogdoada, que utilizaba un grupo de ocho dioses. La ogdoada constaba de cuatro pares de deidades masculinas y femeninas que representaban el caos primigenio y todos sus aspectos. Los dioses eran representados como ranas y las diosas como serpientes. Los nombres de las deidades que simbolizaban el agua eran Nun y Naunet. Amón y Amaunet personificaban el principio de invisibilidad u ocultación. Heh y Huahet se combinan para representar el infinito, mientras que Ket y Kauket representan la oscuridad.

El ojo de Ra, el dios del Sol

El ojo de Ra representa el poder de ver, arrojar luz y actua
Kompak, CC BY-SA 3.0 <http://creativecommons.org/licenses/by-sa/3.0/>, via Wikimedia Commons https://commons.wikimedia.org/wiki/File:Eye_of_Ra.svg

Ra, el dios del sol, gobernaba la Tierra. En aquella época, en la tierra convivían pacíficamente tanto los cuerpos divinos como los humanos. Según la mitología, el ojo de Ra fue el responsable de la creación de la humanidad. Por eso, el ojo de Ra también era conocido como *Wedjat*, que significa el ojo de la totalidad. La humanidad nació del ojo de Ra cuando éste se separó de su cuerpo. Shu y Tefnut intentaron atraparlo, pero no pudieron, y las lágrimas se derramaron durante la lucha, formando a los humanos.

A menudo se representa a Atum con un ojo, símbolo popular entre muchas deidades, incluidos Ra y Horus (el hijo de Osiris e Isis). El ojo de Ra es también una representación del poder de ver, arrojar luz y actuar. Devolver el ojo a su dueño, el creador, sería un símbolo de curación para la Tierra. Significaba que construcciones esenciales como el orden y la justicia volverían a la tierra. Mantener estos principios significaba impedir que el caos se extendiera por la Tierra. Mantener la paz era una función esencial del faraón.

La versión alternativa de esta historia sugiere que cuando el Wedjat decidió marcharse, Ra pidió al dios de la luna, Thoth, que lo trajera de vuelta. Fue a buscarlo y se encontró con que otro ojo había sustituido al que se había marchado. Normalmente, el ojo original estaba furioso, así que Ra decidió colocárselo en la frente. Sin embargo, le dio forma de diosa cobra, conocida como *uraeus*, para que pudiera gobernar todo el universo. Desde entonces, los faraones se colocaban el símbolo de la diosa cobra en la frente para simbolizar protección. La colocación del uraeus también demostraba que eran descendientes de Ra.

El estallido de la rebelión

Cuando Ra se hizo mayor, las deidades utilizaron ávidamente su cerebro reblandecido y su creciente confusión. También se creía que los humanos intentaban aprovecharse de su condición. Esto les hizo caer fuera de la gracia divina. Ra, siendo el gran dios que era, no se quedó callado ante la rebelión. Envió su ojo a masacrar a aquellos que se volvieron contra él. Se transformó en Sekhmet, la poderosa deidad femenina que adoptó la forma de una leona para castigar a sus adversarios. Cuando terminó, se transformó en la diosa Hathor, que apareció en forma de vaca.

Aunque venció, Ra estaba agotado por su dolor y sus preocupaciones. Decidió huir del mundo, tomando la forma de Hathor. Hathor ascendió a los cielos, cabalgando sobre Nut (el cielo). Las deidades que se aferraban al vientre de Hathor se fueron con él, y se convirtieron en las estrellas del cielo nocturno. La luna vela por nosotros, y eso se debe a que Thoth (el dios de la luna) recibió magia para proteger a los humanos. En este punto, los cielos y el reino mortal, las personas y los dioses, se separan.

El viaje de Ra

Ra surcó los cielos, naciendo cada mañana para viajar hacia el oeste. Utilizó un barco (conocido como la Corteza de millones de años), y algunos otros dioses también se unieron a él para ayudarle. Khepri, el dios escarabajo, llevaba a Ra a través del cielo. Apep, su principal enemigo, era una enorme serpiente que residía en el Nilo. Se creía que el río Nilo era las aguas de Nun. Aunque Apep intentaba continuamente bloquear el paso de la barca, Ra siempre salía victorioso.

Como se puede deducir a estas alturas, Ra era la deidad más importante de todo el panteón de dioses egipcios. Tenía numerosos nombres y títulos, entre ellos Atón, que significaba el disco solar, y Khepri, que significaba el sol naciente. En el apogeo o cenit del sol, se le conocía como el escarabajo, y su nombre más popular, Ra, hacía referencia a su papel como dios supremo de Heliópolis. La deidad también era conocida como Atum al atardecer.

Los obeliscos, la esfinge y las pirámides guardan una estrecha relación con Ra. Cuando salía el sol, parecía alado, y este viajero alado (o dios viajero) era representado como Ra-Horakhty. En algún momento de la historia, este dios fue simbolizado por la esfinge. El escarabajo también simbolizaba a Ra porque enterraba sus huevos en un agujero donde eclosionaban. El dios sol empujaba el sol desde el horizonte oriental.

Cosmovisión y creencias espirituales

Los antiguos egipcios eran politeístas, lo que significa que creían en la existencia de varios dioses. Creían que cada deidad tenía características y capacidades únicas, así como una naturaleza distinta. Al igual que otras religiones politeístas, las deidades de los antiguos egipcios no tenían un poder infinito ni un conocimiento ilimitado. Aun así, eran mucho más poderosas que el ser humano medio y casi inmortales. Las deidades del antiguo Egipto también podían sobrevivir normalmente a golpes o heridas mortales, conseguían estar presentes en más de un lugar a la vez y podían influir en las personas de forma visible e invisible. La mayoría de las deidades eran benévolas. Sin embargo, no siempre se podía contar con sus favores. Por eso, la gente siempre tenía que asegurarse de apaciguar y satisfacer a sus deidades.

Por desgracia, los rasgos y características de cada deidad no siempre eran estrictamente conocidos. Sin embargo, muchas de ellas tenían asociaciones primarias. Por ejemplo, Ra estaba vinculado al sol, y Hathor a las mujeres. No obstante, cabe señalar que había muchos rasgos coincidentes entre los dioses principales. También se podía observar que las deidades con características más restringidas eran las que tenían menos poder. Como se recordará, un mismo dios o figura mitológica podía tener más de un nombre. Las tres principales clases sociales de deidades eran los hombres, las mujeres y las deidades más jóvenes.

Los dioses solían estar asociados a determinados lugares geográficos. Heliópolis, en Menfis, es la ubicación original del culto al sol, y éste se relaciona con Ptah, Tebas y Amón. También tenían manifestaciones principales y solían corresponderse con al menos una especie animal. En cuanto a los dioses, el toro y el halcón eran las figuras más significativas. Las deidades femeninas solían asociarse con leonas, vacas, buitres y cobras. Algunas deidades, sin embargo, tenían asociaciones específicas. Sebek, por ejemplo, estaba vinculado al cocodrilo. Thoth correspondía a dos animales: el babuino y el ibis.

Ka, que se refiere a la energía vital o fuerza vital del ser humano, se transfería de una generación a la siguiente. El «ba» es la fuerza que nos permite movernos libremente y aparecer en diferentes formas. Esta fuerza se asociaba principalmente con el otro mundo. Su «akh» es su espíritu una vez que ha dejado este mundo para ir al otro.

Los dioses a menudo adoptaban forma humana. Algunos sólo aparecían en forma humana (Min y Ptah, sobre todo). También aparecían en parte humanos y en parte animales, tomando la cabeza del animal asociado a ellos. La esfinge es una excepción, en la que se intercambian las partes humana y animal. Las esfinges también se representaban a menudo con otras cabezas, como la de un halcón o un carnero.

La antigua religión egipcia duró más de 3000 años. Los egipcios eran muy espirituales y su religión estaba incorporada a numerosos aspectos de la vida. Siempre trataban de proveer a sus deidades, asegurar su satisfacción y obtener su favor. Las creencias espirituales del antiguo Egipto eran muy intrincadas y complejas. Esta complejidad podía observarse a través de las diversas manifestaciones de las deidades y los numerosos papeles mitológicos que asumían. El panteón egipcio comprendía deidades que desempeñaban papeles importantes en el mundo. También albergaba algunas deidades menores y algunos demonios, deidades extranjeras y mortales (principalmente reyes muertos).

Las prácticas religiosas y los rituales giraban principalmente en torno al gobernante del país, su faraón. Se creía que los elegidos, los faraones, tenían el poder de los dioses en sus venas, y su sangre era sagrada. Eran elegidos para mantener el orden en el reino de los mortales y también podían ayudar a tender puentes entre los humanos y las deidades: se construían templos, se realizaban rituales y se veneraba a las deidades. Se creía que estos faraones eran parte de los dioses, que descendían de ellos y, por tanto, eran los que mejor podían comunicarse con ellos. La gente podía rezar o usar la magia para interactuar directamente con los dioses. Con el tiempo, el poder de los faraones disminuyó, por lo cual las prácticas espirituales personales tenían más significado, sustancia y poder.

Cosmología

El universo del antiguo Egipto se basaba principalmente en los siete principios de Maat. Estos principios tienen numerosos significados y no pueden traducirse al español. A grandes rasgos, representan el orden, la verdad, la justicia y la virtud. Maat era eterno y fijo. Nunca podía cambiarse porque el mundo dejaría de existir. Como era de esperar, la sociedad se enfrentaba a numerosas amenazas, sobre todo relacionadas con el caos y la falta de orden. Esto significaba que la sociedad tenía que unirse y hacer el esfuerzo necesario para mantener Maat. Se creía que se reponía mediante acontecimientos recurrentes, como la crecida anual del río Nilo. Este acontecimiento reflejaba el inicio de la creación.

Curiosamente, los antiguos egipcios creían que la Tierra era plana. Geb representaba la tierra, y su hermana Nut el cielo; en el centro estaba Shu, el aire. Debajo de Geb había un universo paralelo que comprendía el inframundo y el infracielo. Nu, el caos anterior a toda creación, existía más allá de los cielos. Duat era un lugar misterioso relacionado con la muerte y el renacimiento. Esta era la zona que Ra atravesaba cada día.

Los siete principios de Maat

La diosa Maat exhibía los principios de Maat: armonía, equilibrio, justicia, verdad, reciprocidad, orden y propiedad. Se creía que todos los miembros de la sociedad, especialmente los faraones y sus parientes, debían encarnar o seguir esos principios. Permitiendo que Maat rigiera todos los aspectos de la vida, incluido el trato con los demás y la forma de actuar y comportarse, se podía alcanzar la armonía y la paz. Las personas que descuidaban estos principios eran consideradas proscritas, y se creía que los gobernantes a los que Maat no guiaba no eran aptos para su función.

La verdad se refiere a la capacidad de una persona para diferenciar entre lo que es real y lo que no lo es. Las personas que vivían su verdad se comportaban de un modo que favorecía el bien mayor. La verdad se refiere a la creencia de que todos los seres vivos son sagrados y merecen respeto. La justicia se asociaba no sólo a la equidad social, sino también a la equidad entre la naturaleza y todos los seres vivos. Se esperaba que los gobernantes fueran justos y debían garantizar la satisfacción de las necesidades básicas de todos.

La armonía se refiere al estado en el que todos los seres vivos interactúan y se alinean maravillosamente entre sí. Se relacionaba con la autenticidad y la libertad de expresión. El estado de equilibrio se refiere a cuando los entornos interno y externo de una persona se alinean. El orden se asocia con la organización y la claridad.

La reciprocidad se asemeja bastante al concepto de karma. Las acciones, buenas o malas, recibirán la recompensa o consecuencia adecuada. En otras palabras, «lo que se da, se recibe». Por último, el decoro era la expectativa de que una persona hiciera lo correcto. Significaba que una persona no debía hacer daño a ningún ser vivo, ni siquiera a sí misma.

La vida después de la muerte

Los antiguos egipcios creían que el ka, o la energía vital de una persona, seguía viva incluso después de la muerte. Como les preocupaba mucho el destino de un individuo tras su muerte, construían tumbas y hacían ofrendas de comida a los difuntos. También creían que el ba, o los rasgos espirituales de una persona, seguían vivos. Por eso realizaban ritos funerarios para asegurar la liberación del ba y que pudiera reunirse con el ka. Se esperaba que ambos vivieran como akh. Practicaban técnicas de momificación para preservar el cuerpo del difunto porque pensaban que el ba volvía al cuerpo cada noche.

Se realizaba un ritual para determinar adónde iría el alma del difunto. Los que habían fallecido llegaban a la gran sala de Maat, y era allí donde se pesaba su corazón. Se enfrentaban a Ren y a los cuarenta y dos jueces a quienes contaban todos sus pecados. Una vez que habían escuchado todos sus pecados, se pesaba su corazón. El corazón se pesaba comparándolo con una pluma para determinar si estaba cargado de pecados o era puro y ligero. Si estaba equilibrado con la pluma, el individuo podía entrar en Aaru o el cielo. Si pesaba más, se creía que su alma había sido destruida para siempre.

Al igual que en numerosas culturas, tradiciones y religiones antiguas y modernas, el sol era una entidad muy importante en la antigua cultura egipcia. Este símbolo de renovación y luz nunca dejaba de iluminar las vastas tierras de Egipto. Es lógico que los antiguos egipcios creyeran que era el símbolo más adecuado para el creador del mundo entero. Donde no hay sol, no hay vida.

Capítulo 3: Deidades femeninas principales

Uno de los muchos aspectos fascinantes de la cultura del antiguo Egipto eran sus deidades. La religión era una parte importante del antiguo Egipto, y estaba incorporada en varias esferas de la vida. En consecuencia, sus deidades eran tenidas en muy alta estima, y constantemente las apaciguaban presentándoles ofrendas y realizando ciertos rituales. Los antiguos egipcios eran politeístas, ya que adoraban a más de una deidad. Había varios dioses y diosas en su cultura. Las deidades femeninas eran muy respetadas, ya que las mujeres desempeñaban un papel vital en la sociedad y recibían el mismo trato que los hombres. Este capítulo se centrará en las principales deidades femeninas del antiguo Egipto.

Isis, diosa de la magia y la curación

Isis, diosa de la magia y la curación
Jeff Dahl, CC BY-SA 4.0 <https://creativecommons.org/licenses/by-sa/4.0>, vía Wikimedia Commons: https://commons.wikimedia.org/wiki/File:Isis.svg

Nombre jeroglífico

Isis era llamada ꜣst en el antiguo Egipto. El nombre se traduce como «hembra del trono», lo que hace referencia a que era la «reina del trono». Así, en sus ilustraciones aparece el emblema de un trono sobre su cabeza. Su nombre también indicaba su destacado papel como deidad real. Como los antiguos egipcios omitían las vocales, es difícil saber exactamente cómo se pronunciaba su nombre. Sin embargo, tras investigaciones posteriores, se cree que se pronunciaba como uuh-saht.

El culto a Isis

Isis no sólo era venerada en el antiguo Egipto. Tras la conquista del país por Alejandro Magno, la diosa empezó a ser conocida por más gente y el número de sus fieles creció. Los antiguos griegos asociaban a Isis con su diosa de la agricultura, Deméter, mientras que los antiguos romanos la relacionaban con su diosa del amor, Venus. En Asia, Gran Bretaña, Israel, Turquía, Afganistán y Siria también había pueblos que adoraban a la diosa. En todo el Mediterráneo se construyeron templos en su honor para apaciguarla. Todavía hoy hay paganos que veneran a Isis.

Símbolos
- Trono
- Cuernos de vaca y disco solar
- El nudo de Isis (un antiguo símbolo egipcio que significa vida)
- Sonajero Sistrum (instrumento musical que ahuyenta a los malos espíritus)
- Alas

Correspondencias
- Fertilidad
- Maternidad
- Magia
- Renacimiento
- Curación
- Muerte
- Agua
- Color verde

Mito

Isis estaba casada con Osiris, el dios del inframundo. Osiris e Isis querían ayudar a la humanidad a ser más civilizada. Isis trabajó con su marido para educar mejor a las mujeres egipcias, de modo que pudieran vivir y prosperar. Seth, hermano de Isis y Osiris y dios del desorden, asesinó a Osiris para que él pudiera convertirse en rey. Isis no sabía lo que le había ocurrido a su marido y lo buscó por todas partes. Cuando lo encontró y llevó su cuerpo a Egipto, Seth lo descuartizó y esparció los trozos por todo el mundo. Leal y devota, Isis no se rindió y se transformó en ave para buscar las partes de su marido. Con la ayuda de su hermana

Neftis, encontraron las partes de Osiris y las volvieron a unir. Usando su magia, Isis reconstruyó el cuerpo de su marido, pero era una momia, no estaba vivo ni muerto. Otros dioses quedaron impresionados por la devoción y determinación de Isis para encontrar a su marido.

Conexión con Isis

Si quiere conectar con Isis, debe construirle un altar en su casa. Es muy sencillo. Elija un lugar tranquilo, cuelgue un cuadro o coloque una estatua suya y encienda una vela. Como se la asocia con el color verde, también puede plantar un pequeño jardín y dedicárselo.

Ofrendas

- Girasoles
- Margaritas
- Loto
- Rosas rojas
- Rosas blancas
- Leche
- Vino
- Aceite de canela
- Aceite de jazmín
- Aceite de sándalo
- Miel
- Cacahuetes
- Uvas
- Chocolate
- Coco
- Piedra luna
- Diamante
- Oro
- Perla
- Todo lo que sea verde, dorado, azul, rojo y blanco

Señales de que Isis llama

Isis puede aparecer en sus sueños, o puede oír o ver su nombre en la televisión o en Internet. Es posible que sienta el impulso de trabajar con el sol y la luna. Las cometas y las vacas empezarán a aparecer en su vida cotidiana. Puede que le regalen uno de sus símbolos. Los verá en sueños o en la realidad.

La experiencia de conectar con Isis

Muchas mujeres han encontrado formas de conectar con Isis. La diosa suele llamar a todas las mujeres, especialmente a las madres y a las viudas. Cuando responden a su llamada, puede ayudarlas a seguir su intuición, a aprender a confiar y a sanar, y también puede proporcionarles orientación.

Maat, diosa de la justicia y la verdad

Maat, diosa de la justicia y la verdad
Sin autor legible. Jeff Dahl supone (basado en reclamaciones de derechos de autor)., CC BY-SA 4.0 <https://creativecommons.org/licenses/by-sa/4.0>, vía Wikimedia Commons: https://commons.wikimedia.org/wiki/File:Maat.svg

Nombre jeroglífico

Maat se deletreaba m3ʾt en egipcio antiguo. El nombre significa «Lo que es recto», que hace referencia a la justicia, la armonía y el orden.

El culto a Maat

Maat era venerada en todo el antiguo Egipto. Sin embargo, podemos decir que era y sigue siendo venerada en todo el mundo. Maat era considerada un concepto más que una deidad real. Ella no representa la justicia. Ella es la justicia, la verdad y la armonía. Dado que muchas personas han vivido según estos conceptos hasta nuestros días, es fácil suponer que todos seguimos los principios de Maat.

Símbolos

- Pluma de avestruz
- Ankh (llave de la vida)
- Cetro
- Alas
- Escamas
- Turquesa

Correspondencias

- Orden cósmico
- Armonía
- Verdad
- Justicia

Mito

Maat desempeñó un papel muy importante en la mitología del antiguo Egipto. Era hija de Ra, la deidad creadora y dios del sol. Maat nació en el mismo momento en que Ra creó el mundo. Su esencia se infundió en el universo y, desde entonces, toda la creación vive de acuerdo con sus principios. Ella trajo el orden cósmico a un mundo vacío y caótico. El concepto de Maat se representó en varios mitos egipcios. Maat desempeñó un papel en la historia de Isis. Ella y su hermana gemela Neftis representaban la vida y la muerte, respectivamente. Neftis no era malvada, pero ambas hermanas se equilibraban mutuamente como la luz y la oscuridad. En otras palabras, ambas representaban el equilibrio cósmico, Maat.

Conectar con Maat

La meditación guiada es una de las mejores formas de conectarse con Maat. Se recomienda sostener una pluma blanca en la mano mientras medita.

- Busque un lugar tranquilo y siéntese en una postura cómoda.
- Cierre los ojos y visualícese entrando en una cámara sagrada de un antiguo templo egipcio.
- Maat le da la bienvenida con una balanza en la mano.
- Coloque su corazón en la balanza.
- Maat pesará su corazón con la pluma de la verdad.
- Si su corazón pesa más que una pluma, Maat le dirá qué emoción negativa está consumiendo su corazón, como la ira, la envidia, el resentimiento... etc.
- Si está dispuesto a liberarse de estas emociones, ella colocará su mano sobre su corazón, y una luz blanca divina brillará desde ella a través de su corazón.
- Su corazón será más ligero que una pluma.
- Ella colocará su corazón en su pecho.
- Le pedirá que reemplace todas las emociones negativas que liberó por emociones positivas como el amor, la compasión y el perdón.

Ofrendas
- Pollo
- Pescado
- Agua fría
- Berenjena
- Aceite de oliva
- Té con leche
- Vinagre
- Hummus
- Almendras
- Escamas
- Joyas de oro

- Cuarzo claro
- Mármol blanco
- Vino
- Incienso aromático

Señales de que Maat llama

Maat puede aparecer en sus sueños, o puede oír o encontrar su nombre en varios lugares, como en la televisión o en un libro. Puede que empiecen a aparecer plumas blancas en su vida.

La experiencia de conectar con Maat

La gente suele invocar a Maat cuando hay caos e inestabilidad en sus vidas. Sus seguidores suelen experimentar armonía después, ya que ella devuelve la unidad y el equilibrio a sus vidas.

Bastet, diosa de los gatos y la protección

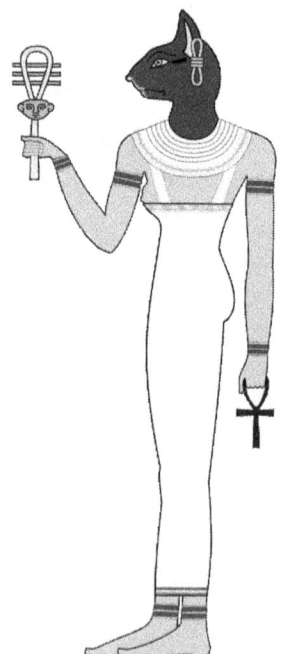

Bastet, diosa de los gatos y la protección
`Gunawan Kartapranata, CC BY-SA 3.0 <https://creativecommons.org/licenses/by-sa/3.0>, vía Wikimedia Commons: https://commons.wikimedia.org/wiki/File:Bastet.svg

Nombre jeroglífico

Bastet se deletreaba b³stt en egipcio antiguo. Los historiadores creen que solía llamarse Bast, «alma de Auset». Auset era otro nombre de la madre de Bastet, Isis. Más tarde, los sacerdotes egipcios cambiaron su nombre por el de Bastet, que significa «la del frasco de ungüento». Por esta razón, su nombre está escrito con el símbolo jeroglífico de un frasco de ungüento.

El culto a Bastet

Bastet era venerada en todo Egipto, y más en el Bajo Egipto. Los griegos la vincularon a la diosa Artemisa y se convirtió en la diosa de la luna. Todavía hay gente que adora a Bastet, y sus cultos están vivos y activos en varios países. En la actualidad, los seguidores de Bastet la veneran como diosa de la fertilidad.

Símbolos

- Gato
- Leona
- Disco solar
- Sistro (antiguo instrumento musical egipcio)
- Ungüentario

Correspondencias

- Fertilidad
- Hogar
- Parto
- Secretos de mujer
- Domesticidad

Mito

El príncipe Setna, hijo del rey Ramsés, robó el *Libro de Thot*, un libro mágico escrito por Thot, el dios del conocimiento y la escritura. Un día, Setna vio a una mujer muy hermosa y le ofreció dinero para acostarse con ella. La mujer, llamada Tabubu, era hija de un sacerdote de Bastet. Aceptó tener una aventura con el príncipe, pero él tenía que ser discreto porque ella era una dama de rango. Al llegar para encontrarse con el príncipe, Tabubu puso una condición antes de comenzar su aventura. Tenía que cederle todo lo que poseía. Setna, consumido por la lujuria, aceptó e hizo el trato de inmediato.

Para seducir a Setna, Tabubu se vistió con una túnica que mostraba todos sus bellos rasgos físicos. Le puso otra condición: que le cediera las posesiones de sus hijos, y él accedió. Le pidió por último que matara a sus hijos. Él accedió y dio la orden de inmediato. Cuando Setna se acercó a Tabubu y la tocó, ella gritó muy fuerte y desapareció.

Tabubu no era la hija de un sacerdote, sino una manifestación de la diosa Bastet. Estaba castigando a Setna por enfadar a los dioses y robar el *Libro de Thoth*. Sin embargo, Bastet no era tan cruel. Hay una versión de esta historia en la que Setna se arrepintió después de haberlo perdido todo y devolvió el *Libro de Thoth*. Cuando llegó a casa, sus hijos estaban sanos y salvos.

Conexión con Bastet

Construir un altar con el nombre de la diosa le ayudará a conectar con ella. Decore el altar con sonajas, cestas, cristales de colores brillantes e imágenes de leones y gatos. Rezar cantando y bailando también le ayudará a conectar con la deidad. Las mujeres embarazadas o las que esperan quedar embarazadas y necesitan la protección de Bastet pueden hacer una ofrenda.

Ofrendas

- Chocolate
- Miel
- Ungüento perfumado
- Leche
- Estatuas de gatos
- Carne cruda
- Hierbas para gatos
- Vino

Señales de que Bastet llama

La diosa de los gatos lo llamará utilizando a su mascota favorita. Es posible que los gatos le sigan y que los vea donde vaya. Puede que se sienta unido a un gato callejero e incluso que lo adopte. Puede que un amigo le haga un regalo con la imagen de un gato, o que abra un libro al azar y encuentre una foto de un gato. Bastet también puede aparecer en sus sueños. También puede oír maullidos cuando no hay gatos alrededor o simplemente sentir la presencia de la diosa.

La experiencia de conectar con Bastet

Los seguidores de Bastet creen que la diosa siempre está vigilando a sus gatos. Cuando conecta con ella, siente que sus gatos están protegidos.

Sekhmet, diosa de la guerra

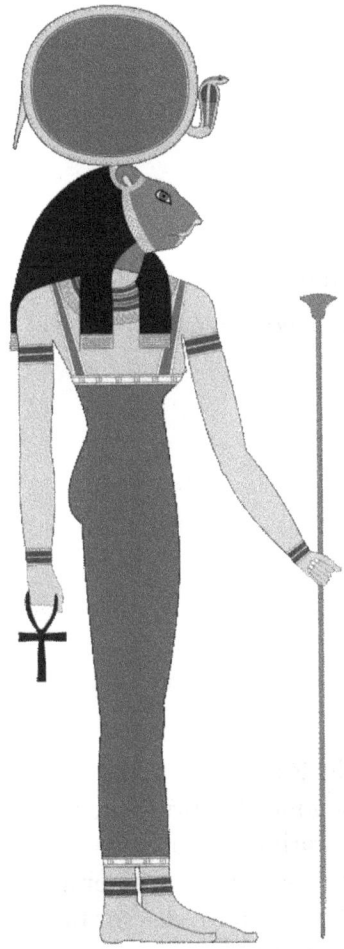

Sekhmet, diosa de la guerra
FDRMRZUSA, CC BY-SA 4.0 <https://creativecommons.org/licenses/by-sa/4.0>, vía Wikimedia Commons: https://commons.wikimedia.org/wiki/File:Sekhmet_mirror.svg

Nombre jeroglífico

Sekhmet se pronuncia ˈsɛkˌmɛt. Proviene de la palabra «Sekhem», que significa «poderosa». Sekhmet significa «Aquella que es poderosa».

El culto a Sekhmet

Sekhmet era venerada en Egipto en el Delta, Luxor, Letópolis y Menfis. Sigue siendo muy venerada y adorada en la actualidad, ya que mucha gente la considera una de las deidades paganas más destacadas.

Símbolos
- Lino rojo
- Leona
- Disco solar
- Anj
- Sangre
- Fuego
- Desierto
- Cristales rojos, naranjas y amarillos
- Los colores oro, rojo y naranja

Correspondencias
- Sanadores
- Curación
- Medicina
- Caos
- Guerra
- Plaga
- Desierto caliente

Mito

Sekhmet era la hija de Ra, creada a partir del fuego. Se enfadó con la humanidad porque no seguían los principios de Maat. Así que envió a su hija Sekhmet para castigarlos. Para sorpresa de Ra, Sekhmet estaba hambrienta de sangre y causó una carnicería. Egipto quedó cubierto de sangre. Cuando Ra vio el estado de su pueblo, se arrepintió de sus acciones. Ordenó a Sekhmet que se detuviera inmediatamente. Sin embargo, la diosa no quiso escucharlo, pues estaba consumida por la sed de sangre. Ra decidió actuar para salvar a su pueblo. Vertió miles de jarras de cerveza y jugo de permanganato en el camino de Sekhmet. Ella pensó que era sangre y las consumió todas. Estaba tan borracha que se desmayó durante tres días.

Hay dos versiones del final de esta historia. Una dice que cuando despertó, estaba tranquila y su sed de sangre había desaparecido. Otra dice que cuando abrió los ojos, vio a Ptah, el dios de la creación. Se enamoró de él de inmediato. Como ella era la diosa de la guerra y el caos y él era el dios de la creación, su unión devolvió a Maat (equilibrio). Tuvo un hijo, Nefertum, que se convirtió en el dios de la curación. Cuando se estableció Maat, la humanidad se salvó.

Conexión con Sekhmet

Puede conectar con Sekhmet a través de la meditación. Encienda una vela, utilice incienso, siéntese cómodamente en un lugar tranquilo y cierre los ojos.

- Respire hondo varias veces y relaje el cuerpo.
- Establezca su intención, mentalmente o en voz alta, de conectar con Sekhmet.
- Imagine que está en un desierto en un caluroso día de verano.
- Vea las pirámides a lo lejos y camine hacia ellas.
- No es un camino fácil, ya que el sol es abrasador.
- Llegue y entre en la pirámide central.
- El interior es tranquilo, con hermosas pinturas y símbolos.
- Encontrará una puerta que se abre para usted.
- Una voz viene del interior diciendo: «entra».
- Hay una hermosa mujer sentada en un trono que le pregunta quién es.
- Le dice su nombre y que está aquí para conectar con Sekhmet.
- Ella asiente y le informa que es Sekhmet.
- Se hace el silencio en la sala.
- Momentos después, la diosa se levanta y comienza a hablarle.
- Escuche lo que dice, haga preguntas y conecte con ella.
- Cuando haya terminado la conversación, ella abandonará la sala.
- Respire hondo varias veces y abra los ojos.

También puede conectar con ella creando un altar en el interior o en el exterior y decorándolo con sus símbolos.

Ofrendas
- Música
- Comida
- Bebidas
- Quema de incienso

Señales de que Sekhmet llama

Sekhmet puede llamarle apareciéndose en sus sueños. También puede ver sus símbolos en sus sueños o en la realidad. Si está concentrado, puede sentir su guía.

La experiencia de conectar con Sekhmet

La gente suele invocar a Sekhmet cuando necesita valor y fuerza para hablar o defenderse. Cuando conectan con ella, se sienten fuertes, con poder y capaces de decir su verdad.

Serqet, diosa de los muertos y de las picaduras curativas

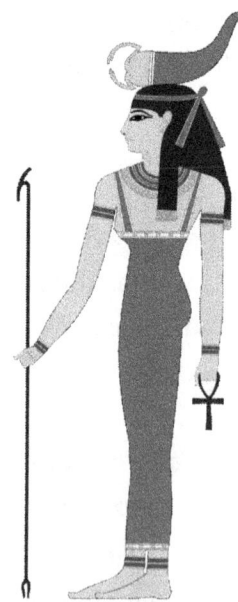

Serqet, diosa de los muertos y de las picaduras curativas
Jeff Dahl, CC BY-SA 4.0 <https://creativecommons.org/licenses/by-sa/4.0>, vía Wikimedia Commons: https://commons.wikimedia.org/wiki/File:Serket.svg

Nombre jeroglífico

Serqet se pronuncia ˈsɜːrˌkɛt. Su nombre significa «La que hace respirar a la garganta». Se refiere a su capacidad para curar mordeduras de serpientes y picaduras de escorpión.

Culto a Serqet

Serqet era venerada principalmente en el Bajo Egipto.

Símbolos

- El Ankh
- El cetro de Was (símbolo jeroglífico del poder)
- Escorpiones

Correspondencias

- Magia
- Curación
- Protección

Mito

Serqet era una de las diosas del inframundo. Ra viajaba al inframundo cada noche, lo que no era un viaje seguro. La diosa velaba por él y se aseguraba de que no hubiera peligros en su camino. Había una serpiente llamada Apep, que era un espíritu maligno que causaba destrucción. También era uno de los archienemigos de Ra. Serqet retenía a Apep en el inframundo para proteger a cualquiera que viajara por él. También protegió a Isis cuando dio a luz a su hijo Horus. Isis temía que Seth los encontrara y que su hijo corriera la misma suerte que su marido. Serqet cuidó de Isis durante el parto y mantuvo a salvo a Horus. En muchos sentidos, Serqet es considerada protectora.

Cómo conectar con Serqet

Puede conectar con Serqet construyendo un altar en su nombre. Puede decorar el altar con la llave de la vida e imágenes o estatuas de la diosa.

Ofrendas

- Cristal de piedra de sangre
- Citrino
- Amatista
- Granate
- Pimienta de cayena

- Raíz de angélica
- Cannabis
- Canela
- Cualquier cosa de color dorado, morado o rojo

Señales de que Serqet llama

De forma similar a las distintas diosas que ya hemos mencionado, Serqet puede aparecerse en sueños o puede sentir su presencia alrededor.

La experiencia de conectar con Serqet

Las personas que se están recuperando del abuso de sustancias invocan a Serqet por sus habilidades curativas y de desintoxicación. Se cree que Serqet les da fuerza en esos momentos difíciles. Normalmente, cuando estamos más débiles, buscamos un poder superior que nos ayude a salir de la adversidad. Serqet es protectora y sanadora, puede dar el apoyo que necesita.

Neith diosa de la guerra y la creación

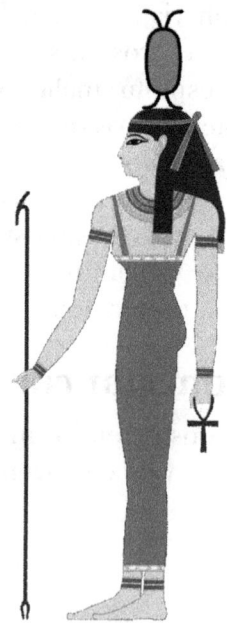

Neith, diosa de la guerra y la creación
Jeff Dahl, CC BY-SA 4.0 <https://creativecommons.org/licenses/by-sa/4.0>, vía Wikimedia Commons: https://commons.wikimedia.org/wiki/File:Neith.svg

Nombre jeroglífico

Se cree que el nombre original de Neith era Nrt, que significa «Ella, la aterradora», ya que era una de las deidades más poderosas.

El culto a Neith

Neith era adorada en todo Egipto, pero sus seguidores más fieles se encontraban en el Bajo Egipto.

Símbolos

- Espada
- Escudo
- Arco y flecha
- Palo para tejer
- Corona roja del Bajo Egipto
- Anj
- Cetro
- Araña
- Vacas

Correspondencias

- Guerra
- Sabiduría
- Creación
- Tejer
- Agua y ríos
- El cosmos
- Las madres
- La caza
- Parto
- El destino

Mito

Cuando Horus, el hijo de Isis, creció, estaba preparado para ocupar su lugar como legítimo rey de Egipto. Se discutió con Ra y la asamblea de dioses que, como hijo de Osiris, él debía ser el rey en lugar de su tío Seth. Naturalmente, Seth se opuso. Cuando Ra escuchó a ambas partes, consideró que Horus no estaba preparado para ser rey. Era joven y no tenía suficiente experiencia. Sin embargo, los otros dioses estaban del lado de Horus.

Los dioses no podían tomar una decisión, así que recurrieron a la ayuda de la deidad más sabia, Neith. Ella decidió que Horus era el rey legítimo y debía ocupar su lugar en el trono. Sin embargo, fue justa y compensó a Seth con dos esposas.

Conexión con Neith

Puede construir un altar para Neith en el interior o en el exterior. Decórelo con imágenes o estatuas de la diosa. También puede añadir ankhs, un pequeño arco y una flecha, y vacas y arañas de juguete.

Ofrendas

- Agua fresca
- Pan
- Dátiles
- Cebollas

Señales de que Neith llama

Puede que tenga un sueño o una visión de Neith. También puede empezar a ver sus símbolos en su vida diaria. Por ejemplo, puede que una araña se arrastre hasta su jardín cuando no hay arañas en la zona, o que vea una vaca varias veces de camino al trabajo. También es posible que vea una corona, una espada o un escudo rojos, o que le regalen la llave de la vida.

La experiencia de conectar con Neith

Las personas que han conectado con Neith han mencionado lo maternal y protectora que era.

Hay tantas cosas que podemos aprender de las deidades egipcias femeninas. Mantenga el corazón, los ojos y la mente abiertos, ya que puede que lo llame. Si no, conéctese con ella usando los métodos que hemos descrito aquí.

Capítulo 4: Deidades masculinas mayores

Ahora que ha aprendido sobre las principales deidades femeninas del antiguo Egipto, echaremos un vistazo a los dioses masculinos. Las deidades masculinas son tan prominentes en la mitología egipcia como sus contrapartes femeninas. Sus vidas están llenas de historias fascinantes que pueden ayudarle no sólo a conocer sus características, sino también a saber a qué deidad puede recurrir cuando necesite orientación.

Ra, el creador y dios del sol

Ra, el creador y dios del sol
Jeff Dahl, CC BY-SA 4.0 <https://creativecommons.org/licenses/by-sa/4.0>, vía Wikimedia Commons: https://commons.wikimedia.org/wiki/File:Re-Horakhty.svg

Nombre jeroglífico

Ra se llamaba rʿ en el antiguo Egipto, y se pronuncia ra:. El nombre significa «sol». También recibió otros muchos nombres: Atum, Khepri, Ra-Horakhty, Re, Pra y Amón-Ra. Ra también tenía otro nombre que nadie podía conocer, ya que era el secreto de su poder divino. Cuando Isis trató de averiguar su nombre secreto, él reveló algunos de sus otros nombres, pero no los que ella quería saber. Dijo: «Soy Khepera por la mañana, Ra al mediodía y Temu por la noche», lo que nos da una idea de algunos de los otros nombres de la deidad.

El culto a Ra

Ra era venerado en todo el antiguo Egipto. Se cree que su culto comenzó en una ciudad egipcia llamada Iunu, en el norte de El Cairo. Cuando los griegos conquistaron Egipto, llamaron a la ciudad Heliópolis, que significa «ciudad del sol del dios». Miles de años después, la ciudad de Heliópolis sigue en pie y su nombre permanece inalterado. Ra sigue siendo venerado, y algunas personas le rinden culto y creen que siempre ha sido el dios supremo desde que creó el mundo.

Símbolos
- Disco solar
- Cetro
- Anj
- El sol
- Escarabajo
- Halcón
- Barca
- Ojo de Ra
- Carnero
- León
- Cobra

Correspondencias
- El sol
- La creación
- La Tierra
- El inframundo
- El cielo

- El equilibrio
- Destrucción
- Justicia
- Realeza
- Curación
- Venganza
- Vitalidad
- Prosperidad
- Protección
- Iluminación

Mito

Antes de que se creara el mundo, sólo había oscuridad. Lo único que existía era el agua, llamada Nun. Ra se creó a sí mismo a partir de Nun. Según una versión de esta leyenda, fue capaz de darse vida a sí mismo pronunciando su propio nombre, y, en otra versión, llegó a la existencia por un esfuerzo de voluntad. Luego vinieron los gemelos: Tefnut y Shu. El mundo seguía siendo oscuro, ya que no había luz solar ni luz lunar, por lo que Ra no podía encontrar a sus hijos. En consecuencia, Ra creó un ojo para que le ayudara a buscar a sus nuevos hijos. El ojo partió en busca de los nuevos dioses, pero al regresar descubrió una desagradable sorpresa. Ra había creado otro ojo en su ausencia.

El primer ojo estaba muy enfadado y se sentía traicionado. Ra hizo al primer ojo más fuerte que el segundo para calmar su ira. El más fuerte de los dos se transformó en el sol y el más débil en la luna. Por esta razón, el sol fue llamado «el ojo de Ra». Después, Ra creó los cuerpos celestes, los dioses y las diosas. Hay varias historias sobre cómo Ra creó a la humanidad. Una dice que lloró después de crear a los dioses y que sus lágrimas se convirtieron en la humanidad. Otra dice que creó el mundo pronunciando el nombre secreto de cada cosa. Mientras que hay una historia que dice que después de que el primer ojo descubriera que Ra creó un segundo, lloró de rabia, y en otra versión, lloró de soledad, y sus lágrimas se convirtieron en la humanidad.

Lo único que todas estas historias tienen en común es que la humanidad fue creada a partir de la soledad, la ira y la miseria. En muchos sentidos, esta historia es una interpretación similar de la humanidad y de la condición del mundo, que ha permanecido inalterada durante siglos.

Conectar con Ra

Como ya se ha mencionado, construir un altar es uno de los métodos más eficaces para conectar con una deidad. Simplemente elija un pequeño espacio en su casa, como una estantería o una mesa. Coloque imágenes, estatuas o cristales relacionados con Ra o el antiguo Egipto. También puede añadir velas o incienso. Como Ra es el dios del sol, los mejores momentos para conectar con él son el amanecer, el atardecer y el mediodía. Así que haga sus hechizos y practique yoga o meditación a esas horas.

Ofrendas

- Agua
- Incienso
- Velas
- Cerveza
- Pan
- Fruta
- Aves
- Oro
- Lino

Señales de que Ra llama

Como se ha mencionado en los capítulos anteriores, los dioses suelen llamarnos en sueños, ya sea apareciendo ellos mismos o enviándonos sus símbolos. Puede que vea el sol, un halcón o un escarabajo en sus sueños. También es posible que oiga el nombre de Ra o que siga encontrando cosas relacionadas con el sol en sus sueños o en la realidad. Por ejemplo, puede que un amigo le regale un collar solar, o que siga encontrando publicaciones sobre el Sol o Ra en Internet.

La experiencia de conectar con Ra

Los seguidores de Ra suelen recurrir a él cuando necesitan equilibrio en sus vidas, ya que es el dios de la creación y la destrucción. Ra también protege a las personas que buscan justicia, como jueces, jurados, abogados, policías, etc.

Osiris, dios de la vida y de la muerte

Osiris, dios de la vida y la muerte
Jeff Dahl, CC BY-SA 4.0 <https://creativecommons.org/licenses/by-sa/4.0>, vía Wikimedia Commons: https://commons.wikimedia.org/wiki/File:Standing_Osiris_edit1.svg

Nombre jeroglífico

Osiris solía llamarse wsjr en jeroglífico, que se pronunciaba como jsjrj porque los jeroglíficos no tenían vocales. Más tarde, los egiptólogos cambiaron la vocalización del nombre a Usir, que se pronuncia como «us-ii-r». Osiris es la versión griega del nombre. El nombre se traduce como «poderoso», lo que lo convierte en un nombre apropiado para uno de los dioses más prominentes del antiguo Egipto.

El culto a Osiris

Mucha gente adoraba a Osiris en el antiguo Egipto, y sus principales seguidores procedían de Abidos, una antigua ciudad del Alto Egipto. Era el dios de la muerte, y los antiguos egipcios creían en la vida después de la muerte, por lo que Osiris era considerado una deidad que podía conceder la vida después de la muerte. Como resultado, fue venerado en otros lugares del mundo, por ejemplo Roma y Grecia. Los griegos lo asociaban con su propio dios del inframundo, Hades.

Símbolos
- Gasa de momia
- Báculo y mayal (símbolos de la realeza)
- Piel verde
- Corona de Atef (corona blanca emplumada)
- Plumas de avestruz
- Djed (representa el poder y la estabilidad)

Correspondencias
- El inframundo
- La Muerte
- La fuerza
- La fertilidad
- La agricultura
- Resurrección
- Inundación
- El ciclo del Nilo

Mito

Ya hemos mencionado a Osiris en el capítulo anterior. Era el marido de Isis, a quien su hermano Seth mató y descuartizó. Osiris se convirtió en el dios del inframundo cuando Isis lo trajo de vuelta. Era una momia, ni vivo ni muerto. Sin embargo, antes de convertirse en el dios del inframundo, era el dios de la agricultura. Cuenta la leyenda que los antiguos egipcios eran caníbales hasta que Osiris les introdujo la agricultura. Sin embargo, los historiadores sostienen que este mito es falso y que no existen pruebas reales que lo respalden. Aun así, se atribuye a Osiris el mérito de haber traído la agricultura, el orden y la civilización a un mundo caótico e incivilizado.

Si observamos las ilustraciones de Osiris, veremos que se le representaba con una sonrisa amable. Esto demuestra que era un dios bueno y accesible. La gente le quería y respetaba y no le temía como a otros dioses. Sólo quería ayudar a la humanidad. Cuando se convirtió en el dios del inframundo, se aseguró de que prevalecieran la justicia y el orden.

Conexión con Osiris

Construir un altar para Osiris le ayudará a conectar con él. Decore el altar con imágenes o estatuas del dios o utilizando alguno de sus símbolos, como el cayado y el mayal o la corona de Atef. También puede probar con la visualización y la meditación mientras sostiene una pluma de avestruz, si puede encontrar una.

Ofrendas
- Pan
- Verduras (excepto lechuga)
- Cerveza
- Vino
- Chocolate negro
- Brandy
- Whisky
- Manzanas
- Semillas
- Plantas reales
- Agua marina
- Incienso
- Colores: verde, morado, marrón y negro

Señales de que Osiris llama

Osiris aparecerá en sus sueños si quiere conectar con usted. Sin embargo, puede que no venga él mismo. Puede que oiga su nombre en sueños o vea sus símbolos.

La experiencia de conectar con Osiris

Las personas que se conectaron con Osiris sintieron que era extremadamente observador y un poco severo. Sin embargo, era bondadoso y tenía sentido del humor.

Horus, el dios del cielo

Horus, dios del cielo

Jeff Dahl, CC BY-SA 4.0 <https://creativecommons.org/licenses/by-sa/4.0>, vía Wikimedia Commons: https://commons.wikimedia.org/wiki/File:Horus_standing.svg

Nombre jeroglífico

El nombre de Horus solía escribirse ḥr.w, que significaba halcón. Más tarde pasó a pronunciarse como ˈħaːɾuw y luego como ˈħaːɾəʔ. El nombre pasó por diferentes pronunciaciones a lo largo de los años, y fueron los antiguos griegos quienes lo llamaron Hōros, que se pronuncia hôːros. Se cree que el nombre tenía otros significados en latín, como «Aquel que está por encima, sobre» o «el distante», lo que obviamente hace referencia a su papel como dios del cielo.

El culto a Horus

Horus era adorado en todo Egipto, y había un templo para él en el Alto Egipto. Antiguamente, el antiguo Egipto estaba dividido en dos, y Horus sólo era adorado en el sur de Egipto. Cuando el norte y el sur se unieron, él fue el faraón del Egipto unido. Todavía hoy hay personas que adoran a las antiguas deidades egipcias, incluido Horus. También se le adoraba en Grecia. Varios paganos aún lo honran y lo incluyen en sus prácticas.

Símbolos

- Cabeza de halcón
- Ojo de Horus
- Halcón
- Pavo real

Correspondencias

- El cielo
- La guerra
- El sol
- La luna
- La protección

Mito

En el último capítulo mencionamos cómo Horus se convirtió en rey. Sin embargo, hay más de una versión de esta historia. A Horus no sólo le preocupaba el trono. También quería vengar a su padre. Él y Seth lucharon en más de una ocasión. Durante una de estas peleas, Seth cegó a Horus en su ojo izquierdo. Thoth, el dios de la luna y la escritura, lo curó. Su nuevo ojo recibió el nombre de wedjat, que se convirtió en «El ojo de Horus» y en un símbolo de protección. Se empeñó más que nunca en matar a Seth, cosa que acabó haciendo, y finalmente vengó a su padre. Tras la muerte de Seth, Horus se convirtió en rey.

Otra historia cuenta que cuando los dioses no podían decidirse entre Horus y Seth, en lugar de buscar la ayuda de Neith, Seth y Horus debían emprender ciertos concursos para determinar cuál de ellos era apto para ser rey. En uno de los concursos, se convirtieron en hipopótamos y debían sumergirse bajo el agua para ver quién podía permanecer allí más tiempo. Bajo el agua, Isis podría haber matado a Seth, pero no lo hizo. Horus estaba comprensiblemente enfadado con su madre, y se marchó para quedarse en el desierto. Seth lo encontró, y esta vez le sacó los dos ojos. Sin embargo, Hathor, la diosa de la fertilidad, lo curó y le devolvió la salud.

Finalmente, los dioses decidieron que Horus debía ser rey, ya que ganó casi todos los concursos y demostró ser digno del trono. Horus había demostrado valor, habilidad, honor y determinación en todas las versiones.

Conectar con Horus

Puede pintar o dibujar el ojo de Horus para conectar con él y obtener su protección. También puede crear un altar y añadir estatuas e imágenes de la deidad y su ojo. Llevar el Ojo de Horus como amuleto también puede ayudar. Como es el dios del cielo, pase algún tiempo al aire libre mirando al cielo y pensando en Horus.

Ofrendas

- Panes
- Tortas triangulares
- Hierro
- Carne roja fresca
- Incienso
- Pan
- Agua fresca
- Velas
- Cerveza

Señales de que Horus llama

Si Horus lo está llamando, aparecerá en sus sueños, o verá un halcón en sus sueños o en la vida real. También es posible que un amigo le regale un amuleto del Ojo de Horus.

La experiencia de conectar con Horus

Cuando conecte con Horus, es vital que tenga en cuenta que es tanto un dios como un rey. Por lo tanto, trátelo según su rango y diríjase a él con respeto. Las personas que conectan con él también sienten que se ha convertido en su guía y que siempre está con ellos, ya que ven constantemente halcones. También parece ser cariñoso y protector.

Seth, dios del desierto y del caos

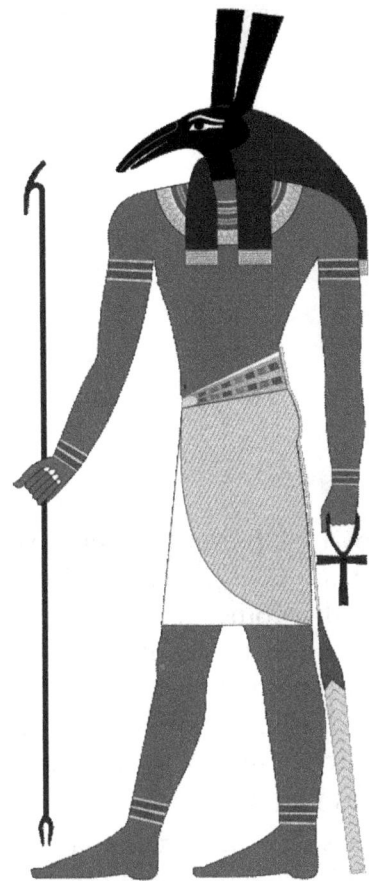

Seth, dios del desierto y del caos
Jeff Dahl (talk - contribs), CC BY-SA 4.0 <https://creativecommons.org/licenses/by-sa/4.0>, via Wikimedia Commons: https://commons.wikimedia.org/wiki/File:Set.svg

Nombre jeroglífico

Seth es el dios que hemos mencionado varias veces en el libro. Fueron los griegos quienes le dieron el nombre de Seth. En jeroglífico, se deletreaba como sth y swth y se pronunciaba 'sew tix^j. El significado del nombre sigue siendo un misterio.

Culto de Seth

Seth era venerado principalmente en el Alto Egipto. La gente lo admiraba porque era fuerte y astuto. Sin embargo, después de que matara a su hermano, muchos de sus seguidores empezaron a verlo con malos ojos. Incluso los griegos lo asociaban con una fuerza maligna. Sólo en algunas zonas de Egipto se le consideraba una deidad principal. Seth representa el caos y el poder, rasgos que atraen a mucha gente, por lo que algunos paganos aún le rinden culto.

Símbolos
- Seth animal
- Cetro

Correspondencias
- Desorden
- Infertilidad
- Desierto
- Tormentas
- Violencia

Mito

Hemos mencionado a Seth unas cuantas veces, y en todas ellas aparecía como villano. Mató a su hermano e intentó matar a su sobrino. Entonces, ¿qué llevó a Seth a cometer estas acciones? Seth siempre estuvo celoso de Osiris, pero lo que le impulsó a asesinar a su hermano no fueron sólo sus celos. Su esposa, Neftis, se transformó en Isis y se acostó con Osiris. Tuvieron un hijo, Annubis, el dios de los muertos. Cuando Seth se enteró de esta traición, mató a su hermano. Sin embargo, la ira de Seth estaba fuera de lugar, ya que Osiris pensaba que ella era su esposa.

En una de las versiones de la historia en la que Horus se convirtió en rey, y Seth fue compensado casándose con dos mujeres, que eran hijas de Ra, éste le ofreció a Seth un trabajo. Él protegería el barco de Ra de la malvada serpiente Apep.

Conectar con Seth

Puede conectar con Seth creando un altar o meditando. Algunas personas se conectan con él honrándolo en su cumpleaños. Consiga una vela roja, talle su nombre jeroglífico y enciéndala. Añada al altar objetos naranjas, amarillos o rojos. Honrar a Seth en su cumpleaños puede ayudarle a desarrollar una relación personal con él.

Ofrendas
- Lechuga
- Piedras rojas

- Canela
- Arte hecho a mano
- Sándalo
- Comida picante

Señales de que Seth llama

Puede que vea a Seth en sus sueños si duerme mirando al norte. Puede que alguien mencione el nombre de Seth en su sueño, o puede que lo oiga en la televisión o lo vea en Internet.

La experiencia de conectar con Seth

Las personas que conectan con Seth suelen compararlo con el dios nórdico del caos y la travesura, Loki. Por este motivo, siempre se acercan a esta deidad bromista con precaución. Sus seguidores no lo consideran malvado. De hecho, lo consideran un gran dios con el que trabajar.

Toth, dios de la luna y la escritura

Thot, dios de la luna y la escritura

Jeff Dahl, CC BY-SA 4.0 <https://creativecommons.org/licenses/by-sa/4.0>, vía Wikimedia Commons: https://commons.wikimedia.org/wiki/File:Thoth.svg

Nombre jeroglífico

El nombre original de Thot era Djehuty, que se pronuncia Ye-ju-ti. Su nombre se traduce como «El que es como el Ibis», que es un tipo de ave como la que se representa al dios. Se trata de un ave común en el antiguo Egipto y se asocia con la sabiduría. Su nombre se escribía de varias formas, como Jehuti, Tetu, y Tahuti. A menudo se hacía referencia a Thot como «Señor de las palabras divinas» y «Señor de Maat». Fueron los griegos quienes se refirieron a él como Thot, que es el nombre que se utiliza comúnmente.

El culto a Thot

Thot era adorado principalmente en el Alto Egipto, ya que su culto se originó en una ciudad llamada Khmunu. Los griegos se referían a esta ciudad como Hermópolis, que ahora se llama Al-Ashmūnayn. Asociaban a Thot con su dios Hermes, ya que ambas deidades eran consideradas mensajeras de los dioses. Los griegos lo veneraban y admiraban mucho y lo consideraban la fuente de todo conocimiento. Todavía hay personas en todo el mundo, incluso en América, que veneran a Thot.

Símbolos

- Ibis
- Balanza
- Disco lunar
- Babuino
- Rollo de papiro
- Paleta de escritura
- Estilete
- Pluma roja

Correspondencias

- Equilibrio divino
- La luna
- La escritura
- Aprendizaje
- Cálculo
- Sabiduría
- Magia
- Curación

- Lenguaje

Mito

Hay más de una historia sobre el nacimiento de Thoth. Una dice que, como Ra, también se creó a sí mismo. Otra dice que nació de los labios de Ra. En otra, nació de la frente de Seth. Hemos mencionado que Thoth curó el ojo de Horus. Sin embargo, Thoth era justo y no se puso del lado de ninguna de las deidades en conflicto. También curó a Seth en múltiples ocasiones. Quería que las contiendas entre los dioses siguieran siendo justas y se negaba a dar ventaja a uno sobre otro.

Uno de los ojos de Ra, que también era su hija, no estaba de acuerdo con él y decidió marcharse. Ra fue incapaz de ver cuando su ojo desapareció y decidió enviar a alguien tras ella para traerla de vuelta. Sin embargo, traerla de vuelta no iba a ser una tarea fácil, ya que era muy fuerte y nadie sería capaz de forzarla. Esta misión no sólo requería a alguien físicamente fuerte, sino también inteligente y astuto.

En la antigua mitología egipcia, a menudo se hace referencia a esta diosa como la diosa distante, y Ra eligió a Thoth para traerla de vuelta. Se disfrazó de mono y fue tras la diosa. En una versión de la historia, Thoth le pidió que volviera a casa 1.077 veces. Era astuto y persistente y no se dio por vencido hasta que tuvo éxito en su misión y la trajo de vuelta. Ra estaba encantado con el éxito de Thoth y le concedió la diosa Nehemtawy para que fuera su consorte.

Conectar con Thoth

Para conectar con Toth, investigue y aprenda todo lo posible sobre él. Thoth admira el aprendizaje, la curiosidad y el conocimiento. También puede rezarle montando un altar y decorándolo con papiroflexia o estatuas de ibis.

Ofrendas

- Agua fresca
- Miel
- Zumo de naranja
- Limones
- Moras
- Albaricoques
- Pollo

- Atún
- Salmón
- Costillas de cordero
- Cebolla
- Ajo
- Nueces
- Colmillos
- Pluma de ibis
- Papiro
- Pluma
- Poesía

Señales de que Thoth llama

Puede que vea el nombre de Thoth por todas partes. Puede que la gente publique cosas sobre él en Internet, que vea su nombre en libros o que oiga a la gente hablar de él. También es posible que él o sus símbolos se le aparezcan en sueños. Puede que se sienta vinculado a él o que sienta curiosidad por él. Satisfaga esa curiosidad y aprenda más sobre él porque le encanta la curiosidad.

La experiencia de conectar con Thoth

Algunas personas invocan a Thoth cuando experimentan un bloqueo de escritor o tienen un examen. Según ellos, el dios siempre está dispuesto a ayudar. Se aconseja que le muestre gratitud y le presente ofrendas.

Los dioses del antiguo Egipto siempre han sido conocidos por su sabiduría. Podrá aprender y crecer cuando empiece a trabajar con ellos. Infórmese sobre las deidades y elija aquella que pueda ayudarle y guiarle en su viaje.

Capítulo 5: Símbolos egipcios y su significado

La religión era una parte importante del antiguo Egipto. Sus dioses desempeñaban un papel muy importante a lo largo de sus vidas e incluso después de la muerte, ayudándoles en la transición al más allá. Los dioses siempre estaban ahí para cuidar de la humanidad. Por eso, el mundo físico y el espiritual estaban a menudo entrelazados. Así se entiende la presencia de diversos símbolos en sus ilustraciones, objetos, arquitectura y amuletos, especialmente los objetos utilizados por los clérigos y la nobleza. Estos símbolos eran muy beneficiosos y prácticos por varias razones.

Como muchas otras sociedades de la época, los antiguos egipcios eran analfabetos. Los símbolos proporcionaban un método para que personas de todas las clases sociales pudieran leer himnos y poesía y comunicarse entre sí. Los símbolos también tenían un significado mágico y se utilizaban en diversos hechizos y rituales. En este capítulo se describen los símbolos egipcios más importantes y su significado.

El Ankh

Símbolo del Ankh
https://commons.wikimedia.org/wiki/File:Ankh-Symbol.svg

El Ankh es un símbolo muy popular. De hecho, hoy en día mucha gente lo lleva como joya o se lo tatúa en el cuerpo sin darse cuenta de su significado ni conocer sus orígenes. El Ankh parece una cruz con un lazo en la parte superior. Se asemeja a una llave y puede conceder a su poseedor los secretos de la existencia. A menudo se hace referencia al Ankh como «la llave de la vida», y simboliza la vida eterna. El anillo en la parte superior del Ankh representa la unión del hombre y la mujer, los cielos y el mundo mortal, y el viaje entre los dos mundos.

Este símbolo era muy poderoso, por lo que a menudo se representaba a los faraones y a los dioses sosteniéndolo. También se asocia con el Nudo de Isis y su culto. Cuando Isis se hizo más popular, más gente empezó a conocer el Ankh. Su origen sigue siendo un misterio.

El Ankh en el pasado

Según varias obras de arte e ilustraciones antiguas, los dioses del más allá que juzgaban a los espíritus de los muertos solían llevar un Ankh en la mano. Lo acercaban a la nariz del difunto para que respirara la inmortalidad. También se utilizaba durante las ceremonias de purificación de los faraones. Se le presentaba agua con cadenas de Ankhs y se vertía sobre su cabeza. Esto servía como recordatorio de que el faraón gobernaba bajo los dioses y que volvería a ellos cuando muriera.

El Ankh en la actualidad

Hoy en día, la gente utiliza el Ankh para atraer prosperidad, fuerza y equilibrio a la vida. Algunos paganos keméticos utilizan el Ankh como símbolo de su fe, y hay otros fieles de múltiples creencias que ven en el Ankh un símbolo de vida y sabiduría. Los seguidores de Isis también utilizan el Ankh durante sus rituales.

El pilar Djed

El pilar Djed es básicamente una columna con una base ancha que se estrecha a medida que se eleva. La parte superior se reconoce fácilmente por sus cuatro líneas paralelas. Los antiguos egipcios creían que estas cuatro líneas representaban las cuatro esquinas del planeta. El número cuatro también estaba muy presente en la mitología egipcia. Creían que representaba la totalidad y la plenitud. El pilar Djed se llama a menudo «la espina dorsal de Osiris». Se asocia con Osiris y simboliza la estabilidad, la fuerza, la resurrección y la eternidad. Puede encontrar este símbolo en los templos del antiguo Egipto, en amuletos y en el libro de los muertos.

Es un símbolo que a menudo se relaciona con Isis y Osiris. Representaba el renacimiento y la resurrección, que fue lo que Osiris experimentó después de que Seth lo asesinara. Actuaba como un polo de fertilidad y también estaba vinculado a Osiris, que era el dios de la agricultura antes de convertirse en el dios del inframundo. Osiris inundaba el río Nilo para fertilizar la tierra.

El pilar Djed en el pasado

Los antiguos egipcios utilizaban el Djed durante sus festivales. Actuaba como un polo de fertilidad que representaba el equilibrio entre la vida y el más allá. El Djed se elevaba en el aire para representar las cosechas crecientes, la vida que surge de lo que parecía muerto y la elevación del espíritu de una persona de este reino al otro.

Este símbolo también se incluía en el fondo de los ataúdes porque se asociaba con la resurrección. Los antiguos egipcios creían que ayudaba al alma del difunto a levantarse y dar sus primeros pasos hacia el más allá.

El pilar Djed hoy

Puede incluir el Djed en hechizos para traer equilibrio y estabilidad a su vida.

El Ojo de Horus/Wadjet

Después de que Horus perdiera su ojo izquierdo luchando con Seth, Thoth lo restauró, y se le dio el nombre de Wadjet, y protegió a Horus. Por esta razón, Wadjet se convirtió en un símbolo de curación y protección. También representaba la buena fortuna, el sacrificio, la salud y el poder real. El ojo de Horus es uno de los símbolos más populares del antiguo Egipto.

El ojo de Horus en el pasado

El ojo de Horus se asociaba con habilidades mágicas. Los antiguos egipcios creían que era un símbolo poderoso con poderes curativos. Por este motivo, los médicos de la época lo utilizaban en sus consultas para medir los ingredientes de los medicamentos. También creían que poseía inmensos conocimientos matemáticos.

El Ojo de Horus hoy

Hoy en día, el Ojo de Horus sigue representando temas similares, ya que la gente lo asocia con la protección, la revelación y la sabiduría. A menudo se compara con el ojo de la providencia del billete de un dólar. Algunas personas lo asocian con el control y la manipulación, ya que se asemeja al símbolo del cuestionable grupo de los Illuminati. Sin embargo, muchos siguen considerándolo una fuerza del bien. La gente lo utiliza para protegerse del mal. La cuelgan en sus casas para protegerse de los peligros físicos y espirituales. También lo utilizan en diversos hechizos para atraer la energía positiva y repeler la negativa.

El Ojo de Ra/El Ojo de Udjat

El ojo de Ra se relaciona a menudo con el Wadjet, ya que ambas eran consideradas diosas protectoras en la antigua mitología egipcia. La Udjat, como se la denominaba, aparece a menudo en varios mitos como la Diosa distante que mencionamos en el último capítulo. Hay diferentes versiones de este mito, pero todas comparten un tema común, y es que la diosa huyó, y alguien fue tras ella para traerla de vuelta o engañarla para que regresara. El ojo de Ra se refería a la Diosa distante o a aquellos que fueron enviados para traerla de vuelta.

El símbolo también actuaba como el ojo vigilante de Ra, el creador, sobre la humanidad, representando el poder, la autoridad, la paz y el renacimiento.

El Ojo de Ra en el pasado

Al igual que su homólogo, el Udjat se utilizaba para repeler las energías negativas y traer la armonía. Los antiguos egipcios también lo utilizaban para protegerse a sí mismos y a sus hogares. Lo pintaban sobre sus casas para atraer la buena salud, repeler a los malos espíritus y romper hechizos dañinos. Los pescadores también lo pintaban en sus barcos antes de salir a pescar para protegerse a sí mismos y a sus barcos de los malos espíritus. El Ojo de Ra se utilizaba a menudo para proteger a los muertos cuando viajaban al otro mundo.

El Ojo de Ra en la actualidad

El Ojo de Ra es tan popular hoy como lo fue hace miles de años. Se utiliza en reiki para simbolizar el conocimiento y la iluminación. La gente lo asocia con el tercer ojo, que nos conecta con nuestro yo más verdadero. También puede llevarlo para protegerse del «mal de ojo» o de personas que desean hacerle daño.

El escarabajo

El escarabajo es un animal muy popular del antiguo Egipto hasta la llegada del cristianismo. Puede encontrar este símbolo en obras de arte e ilustraciones. Es un tipo de escarabajo pelotero. Este escarabajo enrollaba los excrementos de los animales en una bola y los utilizaba como cámaras de cría para sus huevos, ya que proporcionaba alimento a las crías cuando los huevos eclosionaban. Al ver este proceso, los antiguos egipcios asociaban el escarabajo con los dioses, ya que su ciclo vital representaba la resurrección, la creación de vida y la transformación. El escarabajo también se asociaba con Khepri, el dios del sol de la mañana, que tenía cara de escarabajo.

El escarabajo en el pasado

La letra del escarabajo en los jeroglíficos está vinculada al crecimiento y la transformación. Por esta razón, los antiguos egipcios utilizaban el símbolo del escarabajo para describir los rangos de los funcionarios del gobierno.

El escarabajo hoy

Los antiguos egipcios asociaban el escarabajo con la buena suerte. Puede llevarlo como amuleto para atraer la buena fortuna a su vida.

El Ka

El símbolo ka significa alma o espíritu. Su símbolo jeroglífico son los hombros y los brazos doblados y apuntando hacia arriba desde el codo. Se asocia con el alma nueva de un niño que resucita tras la muerte. En pocas palabras, era la esencia de una persona y tenía un gran impacto en todos los ámbitos de la vida. Los dioses eran los encargados de otorgar el ka a la humanidad, ya que eran los que les daban la vida o el espíritu. El ka de un miembro de la realeza era diferente al del pueblo. El ka de la realeza se consideraba original o único, mientras que el alma de una persona normal tenía menos valor y pertenecía a los dioses.

El ka en el pasado

Los antiguos egipcios consideraban el ka un símbolo de protección, actuaba como guardián. Era responsable de hacer a una persona amable, compasiva y honorable.

El ka en la actualidad

La gente utiliza el símbolo del ka porque cree que puede conducir por el buen camino en la vida.

El Uroboros

El Uroboros es uno de los signos egipcios más antiguos. Probablemente es tan antiguo como la creación del universo. Fue creado cuando Ra quiso existir. Cuando apareció por primera vez, tomó la forma de una serpiente, razón por la cual el símbolo del Uroboros es una serpiente comiéndose su propia cola. El símbolo representa los viajes de Ra y se asocia con la recreación y el renacimiento. El Uroboros simboliza el círculo de la vida, el tiempo, la muerte, la fertilidad y la buena suerte.

El Uroboros en el pasado

El Uroboros fue grabado en la tumba de Tutankamón porque representaba la vida después de la muerte. El símbolo también formaba parte de la mitología nórdica y griega.

El Uroboros hoy

El Uroboros se representa como una serpiente o un dragón formando un círculo y comiéndose su propia cola. Suele asociarse con la alquimia.

El Uraeus

Una cobra representa a la diosa de la realeza, Wadjet, que representa la autoridad de lo divino, la realeza y la soberanía. Según la mitología del antiguo Egipto, el Uraeus simboliza la protección y tiene poderes mágicos. En los jeroglíficos, se asociaba a un santuario.

El Uraeus en el pasado

El Uraeus actuaba como símbolo real para demostrar que el faraón en el trono era el rey legítimo. Por ello, a menudo se representa a los reyes con el símbolo del Uraeus para demostrar su legitimidad. La diosa Wadjet ofrecía protección al faraón que llevaba este símbolo.

El Uraeus en la actualidad

La gente incluye el Uraeus en sus rituales porque tiene poderes mágicos. También se puede llevar como protección.

El cetro de Was

El cetro Was es un bastón con una cabeza de animal, a menudo un canino, y una horquilla en el extremo. Este símbolo está muy influenciado por el cetro Hekat, que representaba el poder real. En las antiguas leyendas egipcias, el color del bastón y de la horquilla solía cambiar en función de quién lo sostenía. Creían que el cielo estaba construido sobre cuatro cetros Hekat. Los antiguos egipcios se referían a él como el «escultor de la tierra». Representaba la totalidad. Cada dios y diosa tenía su propio cetro, como Isis y Ra, y su concepto cambiaba según el dios que lo sostenía. Por ejemplo, cuando lo sostenía Isis, se asociaba con la fertilidad. Cuando lo sostenía Ra, representaba el renacimiento, y cuando lo sostenía Horus, se asociaba con el cielo.

El cetro Was en el pasado

Los antiguos egipcios utilizaban el cetro Was junto con el ankh y el Djed, como se ve en sus ilustraciones. Combinados, estos tres símbolos proporcionan larga vida, fuerza y éxito.

El cetro de Was en la actualidad

Algunas personas utilizan el cetro de Was en rituales mágicos.

El báculo y el mayal

El báculo y el mayal representan el poder de un rey. Eran símbolos del dios Osiris y su gobierno sobre Egipto. Estos símbolos también están relacionados con Horus y su mito. Cuando venció a Seth y ocupó su lugar en el trono, tomó el báculo y el mayal de Osiris para demostrar que era el rey legítimo.

El báculo y el mayal en el pasado

Antes de que se convirtieran en símbolos sagrados, los pastores utilizaban el cayado con sus cabras y cosechaban ciertas plantas con el mayal. Osiris se asoció a estos símbolos porque era el dios de la agricultura. Además de ser símbolos de un rey legítimo y poderoso, el cayado y el mayal se convirtieron en recuerdos del pasado y de antiguas tradiciones.

El Shen

El Shen se representa como un círculo formado por una cuerda. El círculo no tiene principio ni fin para ilustrar la totalidad y la plenitud. Es un símbolo del infinito, la eternidad, la protección divina y un vínculo inquebrantable. La palabra «shen» significa «rodear». Este símbolo es bastante similar al símbolo griego omega, que también representa el infinito. En varias ilustraciones, podemos ver a dioses y diosas sosteniendo el Shen. A menudo se representaba a Isis y Horus sosteniendo uno. Por ello, los antiguos egipcios lo tenían en gran estima y lo consideraban un símbolo de perfección.

El Shen en el pasado

Los amuletos del Shen eran muy populares en el antiguo Egipto. Todos los egipcios, desde los esclavos hasta los campesinos y los reyes, llevaban uno. También lo grababan en tumbas y templos.

El Shen hoy

Si busca sentirse pleno o completo, puede llevar este símbolo de totalidad y plenitud.

El Sesen

El símbolo Sesen es una flor de loto asociada a menudo con el antiguo Egipto, que representa la vida, la creación, el renacimiento y el sol. A menudo se comparaba con el sol porque, por la noche, la flor de loto se cierra y se sumerge bajo el agua y, al igual que el sol, emerge al día siguiente. La vida del loto representa temas muy importantes como el renacimiento. También se asocia con Ra, que quiso existir emergiendo del agua «monja». Es un símbolo de renacimiento, regeneración, iluminación y pureza.

El Sesen en el pasado

La flor de loto desempeñó un papel muy importante en el arte del antiguo Egipto, ya que estaba pintada o grabada en amuletos, santuarios y templos. También era un símbolo del Alto Egipto. Este símbolo era popular entre el culto a Osiris, el dios del inframundo. Su desaparición por la noche y su aparición por la mañana se relacionaban con temas de muerte y resurrección.

El loto hoy

La flor de loto es el ingrediente principal de muchos hechizos. El propio símbolo puede utilizarse en diversos rituales asociados a la pureza, la limpieza o el renacimiento.

El Ben-Ben

Aunque el nombre Ben-Ben le resulte desconocido, seguro que reconoce el símbolo. Los Ben-Ben son las pirámides de Egipto. Nada se asocia más con el país y su historia que estos famosos monumentos. El lugar donde se alzan las pirámides es donde comenzó la creación, ya que Ra estuvo allí antes de crear a la humanidad. Las pirámides se alzan sobre el suelo y se elevan hacia el cielo. En uno de los mitos sobre la creación, antes de que el mundo existiera sólo había oscuridad y caos. Las pirámides o Ben-Ben fueron la primera tierra seca creada donde Ra se paró y comenzó a crear el mundo. Por esta razón, las pirámides se asociaron con la creación.

El Ben-Ben en el pasado

Los antiguos egipcios llevaban el símbolo del Ben-Ben como amuleto, y se tallaban como estatuas y se grababan en tumbas y templos.

El Ben-Ben en la actualidad

Las pirámides siempre han sido misteriosas y encantadoras. Hay gente que cree que tienen poderes mágicos. Gracias a su forma triangular, pueden utilizarse en rituales de sanación, como la curación de los siete chakras.

La pluma de Maat

Como se mencionó en un capítulo anterior, Maat era la diosa de la justicia o la justicia misma. Ella pesaba el corazón de los difuntos contra la pluma de Maat para determinar si eran buenos individuos que vivían sus vidas al servicio de los demás o llevaban vidas egoístas. La pluma de Maat es uno de los símbolos más destacados del antiguo Egipto, ya que determina cómo pasarán las personas su vida después de la muerte. Sin la pluma, sería imposible pesar los corazones y, por tanto, los muertos no tendrían adónde ir. En pocas palabras, la pluma de Maat era el fundamento de la vida después de la muerte. Maat estaba asociada a la justicia, el orden, la armonía, el equilibrio y la verdad.

La pluma de Maat en el pasado

Cuando los difuntos llegaban al más allá, debían presentarse ante Osiris, donde se les juzgaba colocando su corazón en una balanza y pesándolo contra una pluma. Si el peso del corazón era menor que el de la pluma, significaba que habían realizado buenas acciones en vida y merecían pasar la eternidad en la tierra del campo de los juncos, el equivalente al cielo o un buen lugar. Sin embargo, si el corazón pesaba más que la pluma, no llevaban una vida buena o desinteresada y serían devorados por la diosa Ammit, y dejarían de existir.

La pluma de Maat en la actualidad

La pluma de Maat era una pluma blanca de avestruz. Las personas que quieren conectar con Maat utilizan una pluma de avestruz o cualquier pluma blanca cuando meditan para ayudarles a llegar a la diosa.

El antiguo Egipto está lleno de muchos secretos y misterios. Sus símbolos son fascinantes. Cada uno de ellos tiene una historia detrás y puede utilizarse en diversos rituales y hechizos hasta el día de hoy. Todos estos símbolos también pueden utilizarse para conectar con su deidad favorita. Como cada dios y diosa tiene sus propios símbolos, puede aprender sobre ellos y sus mitos y usarlos en meditación, decorar el altar de la deidad, tatuárselos en el cuerpo o llevarlos como joyas para mantener a los dioses cerca de su corazón.

Capítulo 6: Amuletos egipcios y cómo fabricarlos

Los símbolos del antiguo Egipto tenían un poder mágico. Eran tan poderosos que también se utilizaban como símbolos mágicos en otros sistemas de creencias y órdenes herméticas como los Rosacruces.

Estos símbolos no sólo tienen poderes mágicos cuando se escriben. También puede crear amuletos tridimensionales de estos símbolos para sus prácticas mágicas y religiosas.

Si se pregunta cómo crear amuletos del antiguo Egipto, está en el lugar adecuado. En este capítulo, explorará la idea de los antiguos amuletos egipcios con más detalle, para que pueda entender por qué los egipcios los apreciaban. Este capítulo también le ofrecerá algunas técnicas para crear sus propios amuletos, que podrá utilizar en su práctica espiritual y mágica.

Los amuletos del antiguo Egipto

Los antiguos egipcios utilizaban amuletos por numerosas razones y, según los descubrimientos arqueológicos, el uso de amuletos era omnipresente en el antiguo Egipto. Se utilizaban como protección, en la magia de regeneración, como parte de ritos funerarios y mucho más.

Los amuletos nunca estuvieron lejos de la magia del antiguo Egipto. Incluso los amuletos de apariencia menos mágica implicaban un cierto nivel de práctica mágica por parte del usuario. El amuleto necesitaba ser «activado», y esto sólo podía hacerse cuando el usuario recitaba un conjuro sobre el amuleto. Estos hechizos solían registrarse en papiros, muchos de los cuales han sobrevivido y nos permiten comprender mejor cómo utilizaban los antiguos egipcios los amuletos en su vida cotidiana.

En Egipto se realizan excavaciones casi todo el año, y gran parte de lo que se encuentra son amuletos fragmentados o intactos. Dado el gran volumen de amuletos disponibles para los estudiosos y las personas interesadas en el antiguo Egipto y la magia egipcia, la mayoría de la gente categoriza ahora los amuletos como pertenecientes a uno de los seis grupos o tipos distintos de amuletos.

Estas categorías son:

Amuletos de deidades y animales sagrados

Se trata de una clasificación de amuletos relativamente evidente.

El antiguo panteón egipcio cuenta con más de 1.000 deidades, muchas de las cuales (si no todas) tienen también una forma sagrada. No todas ellas estaban representadas en forma de amuleto: los amuletos se utilizaban para pedir protección a la deidad representada o para utilizar sus poderes para conseguir sus objetivos.

Los amuletos de esta categoría son elaborados e incluyen la figura completa de la deidad invocada. Sin embargo, estos amuletos solían ser relativamente caros y no estaban al alcance de todos. La solución fue crear amuletos con los animales sagrados.

El animal sagrado de una deidad es una representación del dios. Se creía que si se creaban amuletos con la forma del animal sagrado de una deidad determinada u otros símbolos, esa deidad sabría que en realidad se la estaba invocando a ella y no al animal.

Sin embargo, para los arqueólogos resulta difícil determinar a quién se pretendía invocar con cada amuleto. En el antiguo Egipto había demasiados animales y demasiadas divinidades.

Los amuletos más populares, como los de cabeza de leona, siguen siendo un misterio para los estudiosos. Después de todo, un amuleto de cabeza de leona podría representar tanto a Sekhmet como a otras deidades, como Bastet, Tefnut e incluso la deidad masculina Wadjet. La única forma de distinguir a quién iba dirigido un amuleto determinado se basaba en los grabados y las pistas del contexto.

Amuletos de protección

Una vez más, el nombre se explica solo. Estos amuletos protegían al portador de la mala suerte, le proporcionaban buena suerte y protegían su vida. El escarabajo es la versión más popular de un amuleto de protección, y la siguiente sección se adentrará en el papel fundamental que desempeñaba el escarabajo en la vida religiosa egipcia.

Conocimiento de Isis

Rama, CC BY-SA 3.0 FR <https://creativecommons.org/licenses/by-sa/3.0/fr/deed.en>, vía Wikimedia Commons: https://commons.wikimedia.org/wiki/File:Isis_knot-E_4358-IMG_9355-black.JPG

Un amuleto de protección único era el Tyet de Isis. También conocido como el nudo (o faja de Isis), este símbolo estaba vinculado a la diosa Isis. Se parece mucho a un Ankh, pero los brazos laterales están curvados hacia abajo en lugar de sobresalir. Simboliza cosas similares al Ankh, que se traduce en vida y bienestar. La forma también se asemeja a un nudo de tela. Algunos sugieren que es una representación de una venda utilizada para absorber la sangre menstrual. Este amuleto se utilizaba para proteger a los muertos, y uno de los primeros amuletos Tyet se encontró en una tumba de la primera dinastía.

Amuletos de escarabajo para los vivos

Los escarabeos eran un tipo de amuleto enormemente popular entre los antiguos egipcios, y esta popularidad continuó desde el Reino medio hasta el periodo faraónico y más. No sólo se utilizaban como amuletos, sino que la forma del escarabajo también formaba parte de sellos administrativos, personales y de joyas decorativas.

Los escarabajos se consideraban una representación de la deidad Khepri, que representa el sol naciente, la creación y la renovación de la vida. Se le consideraba un aspecto de la deidad solar Ra y representaba el sol de la mañana (Ra era el sol del mediodía y Atum el sol de la tarde).

Además, los antiguos egipcios consideraban al escarabajo una criatura mágica. Esto se debía a un malentendido del ciclo vital del escarabajo: los escarabajos adultos ponen sus huevos en bolas de estiércol enterradas bajo tierra. Para los observadores ignorantes, la eclosión de los jóvenes escarabajos puede confundirse con su salida completamente formada del estiércol, un acontecimiento improbable y mágico de autocreación. Por esta razón, el término egipcio escarabajo se traduce literalmente como «nacer».

Además, para recoger bolas de estiércol en las que depositar sus huevos, los escarabajos las hacen rodar por el paisaje. Los egipcios consideraban este acto similar al movimiento del sol de este a oeste.

Estos dos factores hicieron que el joven dios del sol -Khepri- quedara indiscutiblemente ligado a la religión del antiguo Egipto. Khepri era un dios con cabeza de escarabajo, y se creía que renacía cada mañana al amanecer en forma de escarabajo alado.

Debido a la capacidad del escarabajo para regenerar y rejuvenecer y a sus vínculos con el dios del sol, los amuletos de escarabajo se utilizaban como amuletos protectores para los vivos. Los escarabeos conmemorativos eran fabricados por los faraones y utilizados para conmemorar victorias militares o enviados como regalos diplomáticos, y se encontraron otros con inscripciones de nombres reales. Los escarabeos con nombres reales inscritos solían crearse durante el mandato de un faraón: cuantos más escarabeos con su nombre se encontraran, más tiempo (y mejor) gobernaba.

Se han encontrado muchos escarabeos, y muchos de ellos llevaban inscrito el nombre del rey Tutmosis III. Muchos de ellos datan de después de su reinado - probablemente fueron creados debido a su culto.

Todos los faraones eran venerados como dioses tras su muerte, pero el culto popular a Tutmosis III parece haber continuado siglos después de su relativamente rara muerte. Este caso se repitió (aunque en menor número) en el caso de Ramsés II, Ramsés el grande, considerado quizá el mayor faraón egipcio (junto con el mencionado Tutmosis III).

Amuletos de asimilación

Es probable que los amuletos de asimilación hayan sido la forma más antigua de amuletos. Los más antiguos no eran representaciones físicas de símbolos egipcios, sino de partes del cuerpo humano o animal.

Se creía que estos amuletos otorgaban al portador el poder representado por la parte del cuerpo.

Uno de los amuletos de asimilación más importantes era el amuleto del corazón, creado para parecerse a un corazón humano. Los antiguos egipcios creían que el corazón era el más importante de todos los órganos humanos y lo consideraban la sede de la inteligencia, el lugar donde se originaban nuestros sentimientos, acciones, pensamientos y recuerdos.

Estos amuletos se colocaban en la parte superior del torso de todas las momias egipcias; servían casi como un «sustituto», asegurando que la momia tuviera un corazón en caso de que su corazón momificado se destruyera. El corazón era el único órgano que se dejaba dentro del cuerpo durante la momificación, ya que su importancia significaba que el difunto lo necesitaría en la otra vida.

Los amuletos de corazón también servían para proteger el corazón de la momia y asegurarse de que el difunto fuera recibido positivamente durante el pesaje del corazón.

Amuletos de poder

Eran amuletos que conferían poder a su portador o representaban su poder. Lo más habitual era que adoptaran la forma de símbolos reales, como:

- La corona roja
- La serpiente de Uraeus
- El pilar Djed

Con el paso del tiempo, estos amuletos dejaron de estar limitados al uso por parte de la realeza y de aquellos a quienes la realeza entregaba los amuletos. Eran comunes en los enterramientos del antiguo Egipto y muchos estudiosos creen que representan el mayor acceso a la momificación, que antes estaba limitada a la realeza. Con el tiempo, se hizo accesible a todo el mundo.

Otros amuletos de poder incluían símbolos que tenían poderes innatos. Los portadores creían que el uso de estos amuletos les transfería el poder del objeto. Los amuletos de poder eran representaciones de objetos generalmente inanimados.

Amuletos de posesiones, ofrendas y propiedades

Como su nombre indica, estos amuletos eran réplicas de las propiedades y posesiones de una persona y de las ofrendas que hacían a las deidades o a los difuntos.

Los amuletos de propiedades y posesiones representaban objetos que el difunto necesitaría en la otra vida y que iban desde recipientes para comer, tablillas de escritura, ropas, materiales de belleza y mucho más. Estos objetos también solían estar presentes en la tumba.

Los amuletos de ofrendas solían adoptar la forma de réplicas de ofrendas de alimentos. Las ofrendas de comida se colocaban fuera de las tumbas del antiguo Egipto, de forma similar a como hoy en día se dejan ofrendas en la tumba de una persona. La creencia era que estas ofrendas serían la comida y la bebida que sustentarían a la persona en la otra vida. En ocasiones, las ofrendas incluían otros objetos, como armas, peines y horquillas, cualquier cosa que la familia del difunto considerara útil o deseable en la otra vida.

Sin embargo, las ofrendas de alimentos eran las más importantes. Por eso se colocaban amuletos de ofrendas alimentarias en la tumba en el momento del entierro. Si los descendientes del difunto no presentaban otras ofrendas de alimentos, como los amuletos de propiedades y posesiones, adoptaban mágicamente la forma del objeto real, asegurando que la persona siguiera alimentándose en la otra vida.

Un amuleto único en esta categoría era el amuleto de *situla*. «Situla» significa «cubo» o «balde» en latín y hace referencia a una serie de recipientes con forma de cubo que se encuentran en múltiples culturas. Se utilizaba como parte de la ceremonia diaria en la que se ofrecían al difunto ofrendas de comida y bebida y, en este caso, la situla habría contenido agua o leche.

Sin embargo, también se utilizaba en rituales mágicos, y se creía que la situla empleada durante estos rituales contenía un líquido con propiedades curativas. Los amuletos de situla se colocaban en la garganta de los difuntos y se creía que tenían los mismos poderes curativos que el líquido que contenían cuando se utilizaban en rituales.

Cómo fabricar sus propios amuletos egipcios

Aunque es posible comprar amuletos egipcios ya hechos, mucha gente prefiere fabricar a mano sus herramientas mágicas siempre que sea posible. Si este es el caso, puede fabricar sus propios amuletos egipcios.

Estos amuletos pueden fabricarse con distintos materiales, como metal, madera y loza. El material que elija dependerá de con qué se sienta más cómodo trabajando. Sin embargo, de todas las opciones, la más cómoda (y fácil) de usar es la arcilla polimérica de secado rápido.

El primer paso es elegir un diseño para el amuleto. Tendrá que elegir un tipo de amuleto y un símbolo que coincidan con el uso que le va a dar. Por ejemplo, si busca un amuleto de protección, un escarabajo o un nudo de Tyet son opciones populares. Del mismo modo, podría elegir un amuleto de ojo de Wedjat si busca un amuleto para la curación y la recuperación.

Una vez que conozca la forma del amuleto que quiere, puede empezar a fabricarlo. Esto es lo que tiene que hacer

1. Limpie un espacio que pueda utilizar como área de trabajo.
2. Coloque un trozo de papel sobre la superficie en la que vaya a trabajar. Esto protegerá la superficie de cualquier daño mientras hace su amuleto.
3. Estire la arcilla hasta conseguir el grosor deseado. Puede utilizar la mano para este paso.
4. Dibuje la forma del amuleto en la arcilla. Si se le da bien dibujar, puede hacerlo a mano alzada. Sin embargo, si no es un gran artista, puede imprimir el diseño del amuleto con una impresora de chorro de tinta que no destiña al mojarse. A continuación, coloque la imagen recién impresa boca abajo sobre la arcilla, de modo que la tinta esté en contacto con la arcilla, y frote el papel para transferir la imagen a la arcilla. La impresión debe estar en contacto con la arcilla entre 30 segundos y 1 minuto. Cuando crea que se ha transferido, despegue una pequeña esquina del papel para ver si ha acertado. Si se ha transferido, puede despegar toda la impresión. Si no, déjelo unos segundos más. Lo ideal es hacerlo con arcilla fresca, ya que estará húmeda. Sin embargo, si no tiene acceso a arcilla fresca, puede usar agua para humedecer el reverso de la imagen cuando esté frotando el papel.

5. Una vez que el diseño esté sobre la arcilla, recórtelo utilizando una herramienta de modelado. Retire la arcilla sobrante y guárdela, dejando que el amuleto se seque al aire. Si la arcilla que utiliza no es de secado al aire, cuézala unos segundos en el horno.
6. Si quiere, pinte su amuleto con pintura acrílica, acuarelas o pintura al óleo.
7. Una vez seco el amuleto, haga un agujero y pásele un cordel si quiere llevarlo como collar, pulsera u otro tipo de joya.

Si confía en sus habilidades artísticas, también puede esculpir el amuleto que quiera con arcilla e imágenes de referencia.

Tenga en cuenta que fabricar sus propios amuletos no es una necesidad. Si necesita un diseño más complejo y no confía en sus habilidades artísticas, necesita un amuleto y no es escultor, o simplemente no tiene tiempo para fabricarlo, siempre puede comprar un amuleto ya hecho. Recuerde que la mayoría de los antiguos egipcios compraban sus amuletos en lugar de fabricarlos con sus propias manos. Sus amuletos no perderán poder por haber sido comprados en lugar de hechos a mano.

Cómo limpiar su amuleto

Limpiar el amuleto es un proceso relativamente sencillo. Basta con lavarlo en un baño de agua salada y después pasarlo por humo de incienso. Mientras lo hace, visualice todas las energías que el amuleto o los materiales de base que haya utilizado pueden haber acumulado antes de llegar a sus manos y adoptar su forma actual. Visualice que estas energías abandonan el amuleto, desaparecen en el universo que le rodea, se hunden en el agua salada o se hunden en la tierra.

Su amuleto es ahora puro. Si visualiza que las energías pasan al agua salada, deshágase de ella. Puede liberarla en el océano o en la masa de agua más cercana.

Cómo fijar sus intenciones en el amuleto

En general, no es necesario fijar intenciones en los amuletos egipcios. A diferencia de muchos diseños modernos, cada amuleto egipcio tiene su propio propósito.

Sin embargo, puede haber ocasiones en las que quiera dirigir el poder de su amuleto hacia un propósito específico. Primero debe planificar su objetivo; después, escríbalo en un trozo de papel, pergamino o papiro.

Una vez que esté listo, prepare su altar y dese un rápido baño ritual. Luego, debe

1. Limpiar el espacio de energía negativa y hacer un círculo alrededor de su altar.
2. Rezar a las deidades e invocar a los elementos mientras enciende las velas de su altar.
3. Limpiar el talismán como se ha descrito anteriormente.
4. Adornar su vela de hechizo.
5. Leer su objetivo mientras enciende su vela de hechizo. Esto servirá como encantamiento mágico.
6. Sostenga el talismán en sus manos y repita el encantamiento varias veces, visualizando su objetivo y visualizando su energía vertiéndose en el talismán.
7. Rece a la deidad de su elección, pidiéndole ayuda.
8. Medite sobre su objetivo.
9. Coloque el talismán donde lo vaya a guardar, o póngaselo si lo va a llevar encima.
10. De las gracias a la deidad. Esto puede implicar una ofrenda, usted decide.
11. Cierre el círculo.

Los amuletos no son las únicas herramientas mágicas del antiguo Egipto que puede crear. Si quiere conocer más herramientas mágicas del antiguo Egipto que puede incorporar a su práctica, pase la página y siga leyendo. En el próximo capítulo, trataremos herramientas como el ushabti, el sistrum, el shendyt y la varita mágica para comprender su historia y cómo puede crearlas en casa (o encontrarlas). También veremos cómo construir un altar para la deidad que elija.

Capítulo 7: Más herramientas mágicas para crear

Como se mencionó en el capítulo anterior, los amuletos no son las únicas herramientas mágicas del antiguo Egipto a las que puede acceder y utilizar hoy en día. Los antiguos egipcios utilizaban varias herramientas y objetos considerados mágicos o poderosos por derecho propio, y muchos de ellos son accesibles y utilizables hoy en día.

En este capítulo, examinaremos algunas de estas herramientas. Cubriremos su historia y veremos cómo puede acceder a ellas y utilizarlas en su práctica mágica actual. También veremos cómo puede crear un santuario o altar para una deidad egipcia en particular (o deidades), para que tenga un espacio en su casa donde pueda venerarlas.

El *Libro de los muertos*

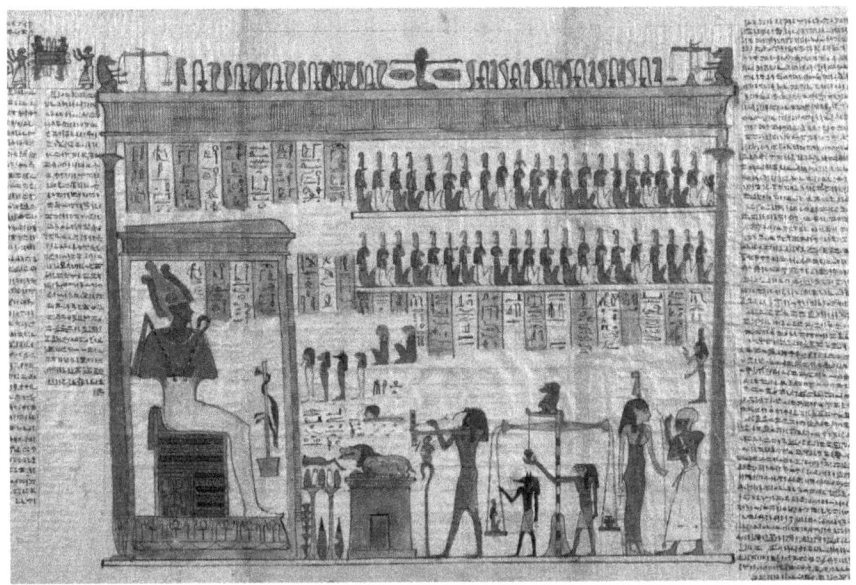

El Libro de los Muertos
https://commons.wikimedia.org/wiki/File:Book_of_the_dead_egypt.jpg

Quizá la herramienta mágica del antiguo Egipto más conocida hoy en día sea el *Libro de los muertos*. Este libro no era un único libro canónico que se replicaría. Más bien, es el nombre común de una colección de textos funerarios con hechizos y fórmulas mágicas que se colocaban en la tumba.

Se creía que este texto protegía al difunto y le ayudaba en su viaje al inframundo (la Duat). Conocemos al menos 192 hechizos incluidos en el *Libro de los muertos*. No existía un único texto que contuviera todos los hechizos conocidos, y se han recopilado de diferentes ejemplos existentes del *Libro de los muertos*.

Cada hechizo tiene una finalidad distinta. Por ejemplo, algunos están destinados a proporcionar al difunto conocimientos místicos en la otra vida, mientras que otros están destinados a ayudar a preservar diferentes aspectos del cuerpo y la personalidad del difunto. Incluso otros están destinados a proteger a la persona fallecida de las fuerzas hostiles a su paso por el inframundo.

El *Libro de los muertos* era un artículo caro. Lo producían escribas y el coste de una copia podía llegar a ser la mitad del salario anual de un obrero. Por ello, las copias solían encontrarse en las tumbas de la élite, incluidos miembros de la realeza, funcionarios, escribas y sacerdotes.

Cómo hacer su propio *Libro de los muertos*

El *Libro de los muertos* es una de las herramientas mágicas del antiguo Egipto que se deben comprar en lugar de crear. A menos que sea hábil escribiendo jeroglíficos, copiarlo es una tarea complicada, y hay muchas posibilidades de que cometa errores.

Sin embargo, si es experto en jeroglíficos, hay copias del *Libro de los muertos* disponibles en Internet, y puede utilizarlas como fuente para crear su propia reproducción. El proceso de producción es una empresa relativamente sencilla más allá de tener conocimientos de los símbolos. Basta con copiarlos en papel o pergamino.

Puede utilizar el *Libro de los muertos* como parte de sus propios rituales de muerte y duelo. Puede colocarlo en la tumba con un ser querido fallecido para protegerlo en su viaje al más allá o como parte de las ofrendas que le deja en su altar. Incluso puede dejarlo como ofrenda en la tumba o lugar de enterramiento de un ser querido.

Cetro sekhem

Un sekhem era un cetro ritual utilizado para simbolizar el poder y la fuerza. La palabra «sekhem» se incorporaba a menudo al nombre de un miembro de la realeza, como Sekhemkhet, un faraón del Reino Antiguo.

La realeza y otros funcionarios importantes la utilizaban. También se consideraba un símbolo de las divinidades del inframundo, especialmente Anubis. Era un objeto sagrado de Anubis, y a menudo se mostraba al dios en posición reclinada con el sekhem colocado detrás de él.

Debido a su relación con Anubis, el sekhem también se utilizaba en las ofrendas ceremoniales de los muertos. El oferente lo sujetaba con la mano derecha. A continuación, se agitaba sobre las ofrendas que se iban a realizar, mientras se lanzaban hechizos rituales antes de presentar las ofrendas.

La forma del sekhem presentaba algunas variaciones, pero en general se asemejaba a la cabeza plana de un remo sobre un mango largo.

Cómo fabricar su propio sekhem

Los cetros Sekhem pueden ser difíciles de encontrar en Internet. Si no es muy bueno con las manos, puede hacerse uno a medida. También puede partir de una paleta de madera de cabeza plana y tallarla para que parezca un cetro.

Incluso puede tallarla desde cero si es hábil tallando madera.

Si ninguna de estas opciones es posible, puede crear su propio sekhem simbólico. Para ello no necesita saber tallar: basta con un bloque de madera, papel y herramientas para cortar madera.

Dibuje el diseño de un sekhem en el papel o calque un diseño que encuentre en Internet. Transfiera el diseño al bloque de madera. A continuación, recorte la forma del sekhem. No es necesario hacer mucho, a diferencia de lo que ocurre cuando se talla un sekhem o se corta una paleta para darle forma. Aunque este sekhem no será perfecto, será suficiente.

Puede utilizar su sekhem para crear altares para los difuntos. Utilícelo para hacer ofrendas a los seres queridos que han fallecido y agítelo sobre una ofrenda como hacían los antiguos egipcios. Debe agitarlo cuatro o cinco veces por cada ofrenda.

Báculo y mayal

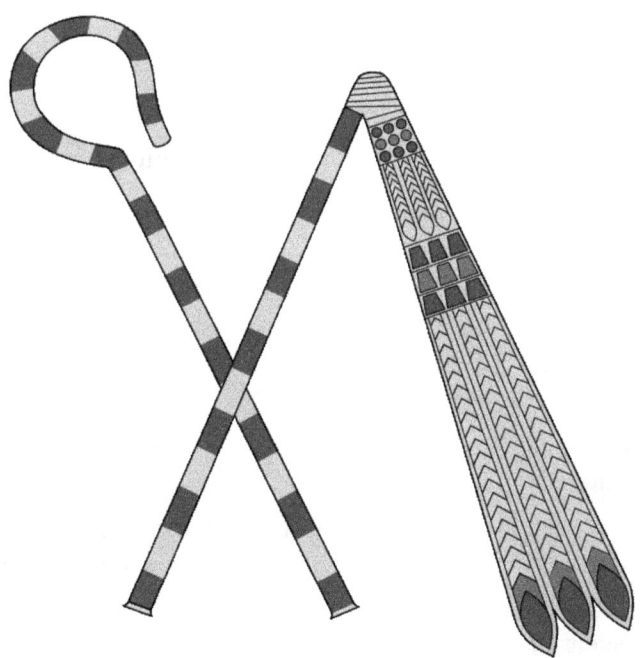

Báculo y mayal
Jeff Dahl, CC BY-SA 4.0 <https://creativecommons.org/licenses/by-sa/4.0>, vía Wikimedia Commons: https://commons.wikimedia.org/wiki/File:Crook_and_flail.svg

El báculo y el mayal eran símbolos del poder real en el antiguo Egipto y sólo los usaba el faraón y, en casos muy raros, otros altos funcionarios y sacerdotes. Tenían mucho poder y representaban el poder del faraón. Nunca se les representaba junto a los dioses.

La única deidad que constituía una excepción a esta regla era Osiris, ya que el cayado y el mayal eran originalmente sus símbolos, que se convertirían en importantes significantes del gobierno del faraón. El báculo era un cayado de pastor y se parecía a un bastón con un mango en forma de gancho. El mayal tenía tres hilos de cuentas unidos a una vara rígida. Los hilos podían variar en tamaño, diseño y complejidad.

Cómo fabricar el báculo y el mayal

Debido a su omnipresencia como objetos llevados por los faraones, el báculo y el mayal pueden adquirirse fácilmente en forma de accesorios. Sin embargo, si no encuentra uno en su tienda local o prefiere fabricarlo usted mismo, el proceso es muy sencillo.

Sólo necesitará algunos adornos navideños, superpegamento y pintura (dorada y azul).

1. Tome un bastón de caramelo grande de plástico de adorno y píntelo de dorado con aerosol.
2. Una vez seca la pintura, pártalo por la mitad.
3. Pinte rayas azules en cada mitad para que el bastón alterne rayas azules y doradas.
4. Deje secar las mitades.
5. Aparte la mitad con la cabeza de bastón de caramelo. Este es su báculo.
6. Tome tres carámbanos de plástico de adorno y píntelos con aerosol dorado.
7. Déjelos secar y pinte rayas azules como hizo con el bastón de caramelo.
8. Una vez seca la pintura, ate los carámbanos a la mitad del bastón de caramelo con el lazo de cuerda que llevan. Utilice superpegamento para mantenerlos en su sitio.
9. Deje secar el superpegamento.
10. Ya tiene el báculo y el mayal.

Puede usar su báculo y su mayal como ofrendas a Osiris o en un altar a la deidad cuando le rece.

Figura ushabti

También conocida como shabti, una figura ushabti era un tipo de estatuilla pequeña que se encontraba en las tumbas egipcias. Los ushabtis se colocaban en grandes cantidades en las tumbas; cuanto más alto era el estatus de la persona en vida, más figuras ushabti tenía en su tumba.

Estas figuras serían sirvientes y trabajadores del difunto en la otra vida, realizando tareas manuales en su nombre. Por eso, muchas de estas figuras solían llevar aperos de labranza.

Cómo hacer su propia figura ushabti

Una figura ushabti es una herramienta mágica relativamente fácil de fabricar. Casi cualquier figura humana puede ser un ushabti. Si aún no tiene figuritas con forma humana en casa, una forma fácil de conseguir algunas es comprar muñecas infantiles.

Si quiere que sean un poco más formales, puede partir de la figurita y coserle ropa. Así podrá personalizar la figurita creando ropa distinta para cada una.

También puede hacer sus figuras ushabti de madera, arcilla, piedra, esmalte, loza, metal, cristal o terracota. De hecho, los primeros ushabtis se hacían con cera. Por lo general, se hacían para que parecieran momias, así que también puede utilizar retazos de tela y dibujar una figura humana.

Al igual que otros objetos funerarios mágicos del antiguo Egipto, las figuras ushabti pueden utilizarse en altares para los difuntos. Se pueden ofrecer de forma similar a como las ofrecían los antiguos egipcios, como figurillas mágicas que reducían el trabajo físico que le esperaba al difunto en la otra vida.

Nemes

El nemes era un tocado o paño a rayas utilizado por los faraones como símbolo de su poder. Aunque no es una corona, su uso se limitaba a los faraones y los emperadores romanos. Si alguna vez ha visto una imagen de la máscara de Tutankamón, el nemes es el tocado a rayas representado en la máscara.

El uso de este trozo de tela ha evolucionado a lo largo de los años. Los miembros de la orden hermética de la Aurora dorada utilizaban el nemes como parte de su indumentaria ritual.

Cómo hacer su propio nemes

Puede encontrar fácilmente un patrón de nemes en Internet. Use tela blanca o amarilla y pinte las rayas con pintura azul.

Puede utilizar su nemes como atuendo ceremonial cuando lleve a cabo sus rituales. Los nemes también los llevaban las estatuas de las divinidades Osiris, Isis y Neftis. Puede utilizarlo para decorar sus altares dedicados a estas deidades.

Sistro

El sistro es un instrumento musical que se utilizaba en danzas y ceremonias religiosas y se le veía a menudo a Hathor e Ihy (su hijo). El mango se modelaba a partir de la cabeza de una vaca, adoptando una forma de u que se asemejaba a la cabeza y los cuernos. A Hathor se la solía representar como una diosa con un tocado de vaca o como una vaca reclinada, lo que la relacionaba con el sistro.

El instrumento se utilizaba durante las inundaciones del Nilo. Se agitaba sobre las aguas del Nilo para asustar a Seth, dios del desorden y las tormentas. También se relacionaba con las diosas Amón, Horus, Bat, Bastet e Isis. Todavía se utiliza en los rituales de las iglesias ortodoxas orientales.

Cómo hacer su propio sistro

Puede comprar un modelo de sistro o fabricarlo usted mismo con arcilla.

El sistro se puede utilizar para decorar los altares de las deidades Isis, Amón, Horus, Hathor, Bat y Bastet. También se puede utilizar para realizar magia de fertilidad y meteorológica, especialmente magia asociada a la lluvia.

Colmillo de nacimiento/Varita mágica

El colmillo de nacimiento es una varita mágica utilizada por los antiguos egipcios cuando realizaban magia protectora. Estas varitas se fabricaban originalmente con marfil de hipopótamo, de ahí su nombre. Ocasionalmente se hacían de madera.

Sin embargo, el marfil de hipopótamo era el material más común. Esto se debe a que se creía que el temible hipopótamo ayudaba a alejar el mal. Se utilizaba para protegerse de enfermedades y espíritus malignos, y las enfermeras solían llevarlo durante el parto para proteger a la madre y al

niño.
Cómo hacer su propio colmillo de nacimiento
Puede tallar su propio colmillo de nacimiento en madera. Para infundirle el poder del hipopótamo, tállelo con un símbolo de hipopótamo. También debería tallarlo con otros símbolos protectores.

El colmillo de nacimiento/varita mágica puede utilizarse para realizar magia de fertilidad y protección. Se puede utilizar en lugar de la varita mágica o junto con ella. También se puede utilizar cuando se realizan rituales de parto como una herramienta de protección.

Shendyt

El shendyt era una prenda egipcia similar a una falda o una falda escocesa. Los hombres la llevaban alrededor de la cintura y llegaba justo por encima de las rodillas. Aunque normalmente lo llevaban los plebeyos, también lo usaban los funcionarios, la realeza e incluso los faraones. Además, lo llevaban las deidades masculinas en representaciones estatutarias y artísticas.

Cómo confeccionar un shendyt

Es fácil encontrar un patrón de shendyt en Internet. Puede confeccionarlo con retazos de tela. El lino era el tejido más utilizado en el antiguo Egipto, aunque puede usar cualquier otro material que tenga a mano.

Puede llevar el shendyt cuando realice ceremonias y rituales.

Cómo hacer un altar egipcio

Los antiguos egipcios hacían ofrendas a las deidades en altares situados fuera del santuario principal de un templo dedicado a esa deidad. También los colocaban en las cortes reales y en las casas de los adoradores.

Para hacer su propio altar, necesitará lo siguiente:
- Representaciones de los cuatro elementos
- Ofrendas a la deidad a la que vaya a hacer un altar
- Un punto focal. Un símbolo de la deidad sería una buena opción
- Las herramientas mágicas que utilizará
- Símbolos y amuletos egipcios

Para hacer el altar, necesitará una mesa o cualquier otra superficie plana. Coloque cada representación de los elementos en cada una de las esquinas de la mesa.

Cubra la mesa con una tela decorada con símbolos del antiguo Egipto. Puede pintarlos o transferirlos a la tela con pegatinas.

Una vez que su altar esté vestido, coloque su punto focal en el centro del altar, y coloque los amuletos alrededor del altar. Comience un ritual de ofrenda, y coloque sus ofrendas en el altar a la deidad.

Puede utilizar este altar para adorar a la deidad, realizar sus rituales habituales o utilizarlo junto con otros altares que haya instalado. La gente suele organizar al menos dos rituales: uno dedicado a la deidad de su elección y otro a los antepasados y los difuntos.

Las herramientas mágicas también pueden utilizarse de otras formas, como al realizar magia adivinatoria y magia con plantas. Este libro explicará cómo realizar la adivinación y la magia con plantas del antiguo Egipto. El próximo capítulo tratará en detalle la magia adivinatoria, mientras que el capítulo siguiente explorará la magia con plantas y hierbas sagradas.

También exploraremos hechizos y rituales que puede realizar usando sus herramientas mágicas. Esto incluirá hechizos y rituales para una variedad de propósitos, incluyendo magia de protección, magia curativa y magia de amor. Más adelante en este libro, encontrará instrucciones paso a paso para realizar cada ritual de principio a fin.

Al final, sabrá cómo utilizar todas sus herramientas y amuletos al máximo. Comprenderá mejor la magia del antiguo Egipto y estará preparado para incorporarla a sus rituales y prácticas mágicas habituales.

Capítulo 8: Métodos de adivinación

El método mejor documentado en el antiguo Egipto era la adivinación, aunque existen registros de otras técnicas utilizadas en esa época. La adivinación con aceite, la adivinación de la luna y la interpretación de los sueños son algunos de los métodos más comunes que utilizaban los antiguos egipcios para revelar el destino. En este capítulo se analizan estas técnicas y cómo se percibía la adivinación en el antiguo Egipto. También se le proporcionarán varias técnicas que usted, como practicante contemporáneo, puede incorporar a sus prácticas adivinatorias. Para sacar el máximo provecho de cualquier técnica, se recomienda que también utilice rituales de conexión a tierra, limpieza y protección como parte de su proceso de preparación.

La adivinación en el antiguo Egipto

A diferencia de las prácticas modernas (donde la adivinación se utiliza a menudo para la autoexploración), en el antiguo Egipto, el objetivo principal de las prácticas adivinatorias era encontrar respuestas sobre las situaciones presentes. Los practicantes intentaban obtener toda la información valiosa que pudieran sobre el presente. A continuación, utilizaban esta información para cambiar su comportamiento, lo que, a su vez, tenía el poder de cambiar los resultados futuros. En situaciones más difíciles, pedían a una deidad respuestas y orientación, obligándola a ayudar a los practicantes a realizar los cambios deseados.

Algunas de las formas en que se utilizaba el arte de la adivinación en el antiguo Egipto (y aún puede utilizarse) era para encontrar respuestas y objetos, reconectar con la gente y predecir el futuro utilizando sueños, presagios y visiones. Es decir, predecir posibles resultados de acontecimientos y situaciones futuras, no exactamente cómo sucederán las cosas. Incluso los antiguos egipcios sabían que la adivinación no podía dar al practicante respuestas directas. Sólo les orientaría hacia el camino más deseable.

Rituales preparatorios

Lo bien que prediga el resultado de acontecimientos futuros depende de cuánto practique y de cómo se prepare para ello. Dado que estará accediendo a poderosas fuentes de energía y recibiendo mensajes que deberá interpretar correctamente, debe tomar algunas medidas de seguridad antes de adentrarse en las prácticas adivinatorias.

Ritual de conexión a tierra

El primer paso es realizar una meditación de conexión a tierra para preparar su mente, cuerpo y alma para concentrarse en su intención y recibir los mensajes. Hay muchas maneras de hacer esto, incluyendo los siempre populares rituales de enraizamiento, a menudo recomendados para principiantes. He aquí un sencillo ritual de enraizamiento que puede realizar:

1. Siéntese en una posición cómoda con los pies firmemente plantados en el suelo.
2. Ralentizando la respiración, lleve su conciencia a sus pies y sienta el suelo bajo ellos.
3. Cierre los ojos y visualice la energía natural tomando la forma de raíces alrededor de sus pies y subiendo por sus piernas haciendo crecer raíces.
4. Imagine que las raíces crecen y se hacen más fuertes, sujetándole firmemente.
5. Deje que este estado de concentración se relaje y, después, abra los ojos.

Ritual de protección

El siguiente paso es realizar un hechizo de protección para mantener alejadas las influencias negativas durante su ritual adivinatorio. Una gran manera para que los principiantes se protejan es a través de una técnica de visualización que requiere muy pocas herramientas. De hecho, ni siquiera tiene que usar nada más que su imaginación para el siguiente método. Si quiere usar algo más, puede elegir algo tan simple como una vela negra, la imagen de un gato negro o cristales blancos y negros. A continuación, le explicamos cómo realizar este ritual de protección:

1. Empiece por relajar la mente y el cuerpo mediante una respiración profunda o una técnica sencilla de meditación.
2. A continuación, visualice un orbe brillante de luz que emerge a sus pies y envuelve todo su cuerpo. Siéntase libre de darle al orbe cualquier color o forma que desee, usando su imaginación.
3. Imagine que el orbe llena lentamente su cuerpo de energía protectora. Sienta cómo le tranquiliza y le hace saber que estará a salvo espiritualmente durante el ritual de adivinación y que ninguna energía negativa podrá dañarle.
4. Termine el ritual con afirmaciones positivas como un recordatorio más de su fuerza y poder. Cuanto más confíe en su capacidad para protegerse, más fuerte se hará su escudo.

Limpieza de las herramientas, el espacio y el cuerpo

También debería pensar en limpiar su espacio, sus herramientas y a sí mismo de cualquier energía negativa que pueda influir en sus resultados. Cuando se trata de limpiar energéticamente sus herramientas, el método que utilice dependerá del tipo de herramientas que necesite purificar. Las piedras transparentes, las bolas de cristal, el agua, los espejos y otras superficies brillantes utilizadas para la adivinación suelen limpiarse dejándolas a la luz de la luna durante la noche. Otras herramientas pueden limpiarse pasándolas por el humo de una vela negra o blanca o por el incienso de su elección.

Este último método también se aplica al espacio de adivinación que vaya a utilizar. Las prácticas adivinatorias suelen realizarse en un espacio abierto bajo la protección de la luna durante la noche. Por lo tanto, si opta por este método, la naturaleza se encargará de proteger su espacio sagrado. Sin embargo, dependiendo de lo estrictamente que quiera seguir las antiguas tradiciones egipcias, su principal preocupación debería ser purificar su cuerpo. Según la antigua práctica, una persona dispuesta a realizar una adivinación debía someterse a un proceso de limpieza de tres días. Esto significaba abstenerse de vicios y comportamientos malsanos (incluido el consumo de alcohol), comer alimentos que promovieran la purificación y tomar baños purificadores.

Preparar el espacio

Preparar su espacio le ayudará a crear el ambiente adecuado para su ritual adivinatorio. La cantidad de luz natural que tenga en su espacio sagrado mientras realiza la adivinación afectará a su estado de ánimo y su capacidad para interpretar los mensajes que recibirá. Esta luz puede provenir de velas (si está realizando el ritual en el interior), del sol (que puede utilizarse tanto en el exterior como en el interior) o de la luna (normalmente utilizada para la adivinación nocturna). Aparte del método de adivinación específico por el que opte, la cantidad de luz también dependerá de sus preferencias. No pasa nada si no sabe cuánta va a necesitar, ya que lo irá descubriendo a medida que practique.

Lo mismo ocurre con el sonido ambiente. Algunos practicantes prefieren el silencio cuando buscan respuestas, mientras que otros utilizan la música para relajarse y alcanzar un estado de trance. Ciertos aceites esenciales e inciensos también pueden crear el ambiente perfecto para una sesión relajante. Los antiguos egipcios solían utilizar hierbas con fines similares.

Independientemente de cómo se prepare para un ritual de adivinación, el espacio que elija debe estar alejado de todas las distracciones del mundo moderno. Todos los dispositivos electrónicos deben estar apagados (puede poner su teléfono en modo avión), y cualquier luz artificial debe estar apagada. También puede preparar un bolígrafo y un trozo de papel por si desea anotar las respuestas para poder analizarlas más tarde. Esto será especialmente útil si es nuevo en las técnicas adivinatorias o está realizando adivinación de sueños.

Métodos adivinatorios comunes en el antiguo Egipto

Los principales métodos adivinatorios utilizados en el antiguo Egipto eran el trance, la adivinación con agua y aceite, los mensajes de fuego, la adivinación mediante nudos y la interpretación de los sueños. A continuación, le explicamos cómo funcionaban estos métodos en el antiguo Egipto y cómo puede utilizarlos hoy en día.

Adivinación de los sueños

Los antiguos egipcios creían que los sueños tenían el poder de transmitir mensajes del mundo espiritual, por lo que utilizaban la interpretación de los sueños como método de adivinación habitual. Si quiere que el futuro se revele a través de sus sueños, debe dirigirse a un guía específico del que quiera recibir las respuestas. Le visitarán mientras duerme y le transmitirán mensajes que interpretará cuando despierte. A continuación, le explicamos cómo llevar a cabo este método:

1. Prepárese para dormir con su método de relajación preferido, eliminando todas las distracciones como fuentes de luz y sonido.
2. Encienda una vela negra y rece una oración a su guía, pidiéndole las respuestas que busca sobre su futuro.
3. Asegúrese de agradecerles cualquier mensaje que le envíen y, si lo desea, prepare una pequeña ofrenda.
4. Deje un papel y un bolígrafo junto a su cama y acuéstese sin utilizar ningún dispositivo electrónico.
5. Es posible que despierte justo después de recibir un mensaje del mundo espiritual, en cuyo caso, escriba lo que vio de inmediato.
6. Aunque no despierte enseguida, es posible que quiera anotar los mensajes por la mañana, aunque sepa lo que significan. Esto puede servir de referencia para futuras prácticas adivinatorias.

Uso de los nudos para la adivinación

El uso de nudos en brujería se originó en el antiguo Egipto, y hay pruebas de que los nudos se empleaban a menudo con fines adivinatorios. Esto implicaba típicamente hacer un amuleto con los nudos y utilizarlo para la interpretación. Con el siguiente método, también puede realizar un rápido ritual adivinatorio:

1. Encuentre 16 hilos individuales de un pie de largo: 4 blancos, 4 rojos, 4 azules y 4 verdes.
2. Junte los hilos en una banda y tiña la banda con una gota de colorante rojo. Tradicionalmente se utilizaba la sangre del practicante para teñir, pero cualquier color rojo sirve.
3. Ate la banda alrededor de las muñecas, entre en un estado de relajación y concéntrese en la pregunta que quiere que le respondan.
4. La banda actuará como un recipiente para los mensajes, así que concéntrese en su mano cuando espere las respuestas.
5. Visualice los mensajes en forma de energía viajando desde su brazo hacia su cuerpo y cabeza.

6. Una vez que lleguen a su mente, dependerá de usted interpretarlos.

Adivinación lunar

Los antiguos egipcios reconocían la influencia de la luna en la vida humana, tanto en un sentido físico como espiritual. Creían que la luna llena potenciaba el impacto de cualquier acción que emprendiera y reflejaba perfectamente sus intenciones. Por ello, estaban más que dispuestos a utilizar el reflejo de la luna con fines adivinatorios, y tal es el caso del siguiente método:

1. Empiece por encontrar un lugar donde realizar el ritual al aire libre en luna llena. Si no puede salir al exterior, colóquese junto a una ventana abierta donde la luna brille y pueda ver su reflejo.
2. Reúna un cuenco con agua, incienso y un incensario para sostener el incienso encendido.
3. Lleve los objetos anteriores al lugar que haya elegido para la adivinación.
4. Coloque el incienso en el incensario, en el suelo, y colóquese de pie, con el cuenco de agua en la mano. Colóquese en una posición en la que pueda ver el reflejo de la luna en la superficie del agua.
5. Recite la siguiente invocación de 7 a 9 veces, mentalmente o en voz alta, según le ayude a concentrarse más:

    «Para ti, gran Luna, líder de las estrellas,

    tú que ayudaste a formarlas,

    escucha ahora lo que tengo que decirte.

    Escucha las palabras de mi boca, ¡y revélame los secretos!».

6. Ahora, considere atentamente todo lo que pueda oír, ver o percibir de otro modo. Si tiene suerte, la diosa Luna en persona aparecerá y le presentará las respuestas a su pregunta.
7. También puede recibir otras señales, como el movimiento en el agua o la aparición de una parte clave de su respuesta en la superficie lunar.

Oleo

Otra forma común de adivinación en el antiguo Egipto implicaba el uso de una lámpara de aceite. Las lámparas utilizadas para la adivinación solían ser blancas, sin ningún color rojo, y se encendían en lugares oscuros y serios. Más tarde, esto fue sustituido por el uso de la adivinación con aceite, que es esencialmente la combinación de la adivinación con agua y el método de la lámpara de aceite. Al igual que se prohibía que las lámparas tocaran el suelo, se recomienda no colocar ningún recipiente con aceite en el suelo. Los pasos de este método son similares a los de la técnica de adivinación lunar, con la diferencia de que se utiliza aceite vegetal. A diferencia del agua, el aceite no rompe la imagen, por lo que podrá enfocar durante más tiempo. Asegúrese de verter el aceite en el cuenco muy lentamente para evitar que se enturbie, ya que esto dificultará su capacidad para interpretar mensajes espirituales.

Consejos adicionales para la adivinación

Tanto si pertenece al antiguo Egipto a cualquier otra práctica mágica, la adivinación es una habilidad que requiere mucha práctica para dominarla. Dicho esto, hay algunas maneras de avanzar en su viaje de aprendizaje. Empezando por establecer una intención amplia, por muy tentadora que sea, se recomienda buscar una respuesta directa. Es más que probable que no reciba ninguna incluso después de mucha práctica como principiante, pero ni siquiera se dará cuenta de si la recibe o no. Recuerde que experimentará cosas que nunca antes había visto, lo que hace que interpretar cualquier mensaje sea todo un reto, por no mencionar que no puede estar seguro de la forma en que llegará la respuesta. Establecer una intención específica no le dará una respuesta concreta, e incluso puede bloquear mensajes que podrían contener la respuesta que busca.

Por ejemplo, puede establecer una intención como ésta

«Mi mente y mi corazón están ahora abiertos a cualquier mensaje que me guíe hacia mi objetivo futuro».

Una intención como ésta comunica que desea mensajes positivos o constructivos con respecto a su vida actual, pero que está abierto a cualquier forma en que pueda recibirlos. Cuando practique un poco más, se familiarizará con el tipo de mensajes que recibe y aprenderá a interpretarlos. Entonces puede pasar a pedir respuestas a cuestiones más específicas. Sin embargo, todavía no puede hacer preguntas directas, ya que las respuestas tampoco lo serán. Un ejemplo de una intención más específica podría ser:

«Mi mente y mi corazón están ahora abiertos a recibir cualquier mensaje relacionado con mi estado financiero actual».

La respiración profunda puede ayudar a conseguir y mantener la concentración perfecta; y si no lo consigue, puede hacer algunas cosas para mantener la concentración. Con algunos métodos, puede cerrar los ojos para eliminar cualquier distracción visual, mientras que con otros (como con la adivinación), tendrá que mantener los ojos desenfocados, permitiendo que su mente se concentre. Para ello, suavice la mirada.

Una vez que el enfoque se transfiere al ojo de su mente, puede empezar a ver símbolos, formas o incluso seres vivos aparecer. Tenga en cuenta que pueden pasar entre 5 y 10 minutos antes de que aparezca algo, así que asegúrese de esperar al menos ese tiempo. No dude de lo que ve, aunque le parezca que lo que ha visto, oído o percibido de otra forma es producto de su imaginación. Es más probable que la corazonada que tuvo fuera correcta, por aleatoria que parezca, y resulte ser un mensaje del que se beneficiará más adelante.

Dado que probablemente estará en un profundo estado de meditación mientras realiza la adivinación, su mente consciente puede necesitar un poco de ayuda para recordar lo que ha experimentado. Se recomienda llevar un diario en el que registre su experiencia. Cuando realice la adivinación, asegúrese de hacerlo después de la sesión, para no tener que apartar la vista de la superficie. Además de escribirlo, también puede grabar la sesión con el teléfono para no perderse ninguna parte del mensaje. Si va a hacerlo, practique describiendo cada parte de su experiencia en voz alta. De este modo, sabrá lo que está escuchando cuando vuelva a reproducir la grabación.

Capítulo 9: Plantas y hierbas sagradas

Otra forma de práctica mágica que se originó en el antiguo Egipto es la magia con plantas. Los egipcios utilizaban plantas y hierbas sagradas para ritos de curación, hechizos de amor, rituales de fortalecimiento personal y herramientas para ahuyentar influencias negativas. Creían que cada planta tiene su propio efecto mágico, y conocer los puntos fuertes de una planta específica es clave para utilizarlas con éxito en los hechizos. Por eso, las hierbas pueden mejorar su práctica, aunque no tenga demasiada experiencia. La magia con plantas siempre tendrá el resultado deseado. Sólo hay que saber emplearla correctamente.

La magia que contienen las plantas y la rapidez con la que actúan permiten utilizarlas con más eficacia que cualquier otra forma de arte mágico. Cuando lance un hechizo, encuentre las plantas o hierbas que posean las propiedades que quiere incorporar en su trabajo, y su hechizo será instantáneamente potenciado con magia natural. Este capítulo contiene una extensa lista de poderosas plantas y hierbas usadas en el trabajo de hechizos del antiguo Egipto y su significado espiritual y propósitos mágicos.

Plantas y hierbas del antiguo Egipto

Acacia
Reconocerá los árboles de acacia por sus características espinas, hojas segmentadas y legumbres parecidas a guisantes. En la antigüedad, los

egipcios asociaban la acacia con deidades como Ra, Diana, Osiris y Astarté, todas ellas conocidas por estar alineadas con elementos poderosos como el aire o el propio sol. Se cree que la acacia posee una energía masculina distintiva, por lo que se utiliza a menudo para hechizos de protección y para atraer energía psíquica para poderosos hechizos.

Como principiante, puede utilizar la acacia para enriquecer su práctica incorporándola a su ritual mientras aún está aprendiendo. Una forma de utilizarla es extraer la goma del árbol cortando la rama y simplemente dejándola gotear, convirtiéndola en una base para su incienso favorito. También puede combinar la planta con sándalo y hacer un incienso relajante que utilizará durante su meditación preparatoria. Si quiere llegar a un alma que habita en el mundo espiritual o utilizar su poder con más confianza, debe quemar hojas de acacia mientras se concentra en su intención.

Violeta africana

Para los antiguos egipcios, la violeta africana representaba la contrapartida femenina de la energía masculina de la acacia. Se dice que su poder está alineado con la energía de Venus y el elemento agua. Esta pequeña planta es conocida por sus hojas redondas y sus flores de color púrpura brillante o intenso.

Puede utilizarla como protección espiritual durante los hechizos o simplemente para mejorar su espiritualidad y la de los que viven en su casa. Recuerde que, a diferencia de otras variedades de violeta, la violeta africana no es una planta comestible. De hecho, sus flores pueden ser muy tóxicas para las mascotas y los niños pequeños, así que asegúrese de mantenerlas alejadas de ellos y evite ingerirlas.

Hierba gatera

La hierba gatera se utilizaba para atraer la buena suerte en la magia gatuna
Robert Flogaus-Faust, CC BY 4.0 <https://creativecommons.org/licenses/by/4.0>, vía Wikimedia Commons: https://commons.wikimedia.org/wiki/File:Nepeta_cataria_3_RF.jpg

Debido a su fascinación por la magia gatuna, los antiguos egipcios hicieron muchas asociaciones mágicas con estas criaturas de cuatro patas. Una de ellas era el uso de la hierba gatera en la magia gatuna, que se realizaba normalmente para atraer la buena suerte y a los espíritus benévolos. Tiene pequeñas flores moradas y hojas parecidas a las de la menta. Se puede utilizar para aumentar la felicidad y promover la belleza. Puede colgarla en una bolsa por encima del nivel de la cabeza para inducir belleza y felicidad. Otra forma estupenda de utilizar los saquitos de hierba gatera es junto con pétalos de rosa. Mézclelos, recoja un poco de la mezcla en sus manos y deje que se caliente. Después, tome la mano de otra persona. Esta persona se convertirá en uno de sus mejores amigos. Aunque la hierba gatera puede ser beneficiosa para los gatos en ciertas cantidades, puede ser tóxica en dosis elevadas.

Manzanilla

La manzanilla es una de las hierbas más antiguas utilizadas en la magia curativa. Debido a su delicada pero brillante flor blanca, los antiguos egipcios asociaban esta planta con las deidades del sol. Se utilizaba a menudo para invocar al dios Ra por sus poderes curativos cuando necesitaban remedios para enfermedades contagiosas como la malaria. Los antiguos egipcios también utilizaban la manzanilla para la momificación porque creían que podía ayudar a proteger al difunto de los espíritus malignos provocados por los insectos. Las plantas secas se añadían al baño para relajar y limpiar antes de rituales y hechizos.

En la antigüedad, los practicantes incluso plantaban manzanilla junto a otras plantas más sensibles que necesitaban para su trabajo. Así se aseguraban de que la otra planta recibiera todos los nutrientes necesarios para prosperar. Se cree que la manzanilla atrae la riqueza y la prosperidad porque las plantas frescas huelen a manzanas verdes, y el verde es el color asociado a la riqueza y las ganancias materiales. Prepare una infusión fuerte de manzanilla y lávese las manos con ella antes de realizar cualquier hechizo relacionado con el dinero, el progreso laboral, etc. También puede beber una versión más suave del té o colocar flores secas sueltas debajo de la almohada para inducir la visión en sueños.

Canela

También conocida como madera dulce, la canela era otra planta utilizada en las prácticas mágicas curativas y protectoras del antiguo Egipto. Utilizaban el aceite de canela en rituales de belleza, ritos para curar cicatrices, mejorar la espiritualidad y las capacidades psíquicas, y como parte del brebaje utilizado para el proceso de momificación. También incorporaban el aceite y la corteza de canela en hechizos de protección y amor.

Aunque hoy en día se utiliza sobre todo por el tentador aroma que añade a los alimentos, la canela también puede utilizarse en hechizos modernos. Se puede utilizar tanto la corteza como el aceite para fortalecer los lazos amorosos y las relaciones familiares. El aceite también puede servir como ungüento para las velas utilizadas durante rituales, hechizos y prácticas meditativas para mejorar sus poderes espirituales y psíquicos.

Ciprés

El ciprés es un árbol de hoja perenne conocido por su longevidad, por lo que en el antiguo Egipto se consideraba un símbolo de eternidad e incluso se decía que concedía la inmortalidad. Su madera se utilizaba para fabricar sarcófagos y en diversos rituales para prolongar la vida. El aceite de ciprés se incorporaba a la magia curativa o a los conjuros para ahuyentar a los malos espíritus durante rituales y ceremonias.

También puede encontrar aceite de ciprés y utilizarlo para protegerse y a su trabajo. Su aroma tiene un efecto reconfortante, que le ayudará a relajarse y a concentrarse en manifestar su intención. Llevar una ramita de ciprés a la tumba de sus seres queridos les hará saber que siguen siendo amados, lo que le ayudará a ambos a seguir adelante.

Margarita

Las margaritas son conocidas por sus delicadas flores blancas y sus semilleros amarillos. En el antiguo Egipto, estas flores representaban la feminidad y también se asociaban con el sol y el elemento agua. Las margaritas solían ofrecerse a las deidades femeninas cuando se les pedía consejo. Se utilizaban para prácticas adivinatorias y hechizos de amor, dando paso a actos modernos, como la adivinación «me ama, no me ama».

También puede utilizar flores secas para ofrecerlas a la deidad que elija, esparcirlas para realizar hechizos de amor o ponerlas debajo de la cama de la persona amada. Tenga cuidado al hacerlo, ya que algunas personas son alérgicas a las margaritas. Tampoco ingiera ninguna parte de la planta, ni deje que la coman niños pequeños o animales. Varias sustancias tóxicas provocan vómitos, náuseas y otros problemas digestivos.

Diente de león

Al igual que la manzanilla, el diente de león también se asociaba a las divinidades solares debido a lo mucho que se parecen las flores jóvenes a este cuerpo celeste. Su flor principal consiste en un gran grupo de pequeñas flores individuales en forma de aguja. Éstas se vuelven translúcidas al madurar y el viento las arrastra fácilmente junto con las semillas. Por eso, los egipcios asociaban el diente de león con el elemento aire y creían que estas pequeñas flores podían transmitir mensajes entre este mundo y el espiritual.

Hoy en día, la gente utiliza las cabezas de las flores maduras para pedir un deseo antes de soplar las semillas, pero esto también se puede utilizar en la práctica mágica. Por ejemplo, si quiere que una deidad trabaje con usted. También puede ofrecer flores secas más jóvenes a los dioses del sol. El té hecho con raíces de diente de león también se puede utilizar en magia curativa, mientras que el té hecho con flores mejorará sus habilidades psíquicas y permitirá la comunicación espiritual.

Saúco

El saúco se consideraba una fuente muy poderosa de magia en el antiguo Egipto. Sus flores tienen cinco pétalos (y el mismo número de sépalos), que forman una diminuta estrella verde cuando se juntan. Como el número 5 se asociaba a muchos sucesos místicos, la flor de saúco se utilizaba para una amplia gama de actos mágicos. Entre ellos se incluían los conjuros y rituales para encontrar una conexión con el reino natural, cruzar la puerta de entrada al reino espiritual y la magia curativa. Es posible que también se utilizara para representar el ciclo de la vida y para celebrar nuevos comienzos tras el final de un periodo significativo. A veces se plantaba el saúco cerca de las tumbas para alejar a los malos espíritus.

Hoy en día, puede utilizar las flores y la corteza del saúco como protección, conexión a tierra y relajación meditativa, e incorporarlas a su práctica de varias maneras. Se dice que el saúco abre la mente, de modo que uno se abre a distintos tipos de mensajes espirituales y ve las cosas de un modo más positivo. También puede ser útil en la magia destinada a curar traumas emocionales y abrir el corazón, al tiempo que lo protege de nuevos traumas. Si tiene un jardín más grande, puede incluso cultivar un árbol de saúco, ya que le protegerá y a su propiedad de daños y mala suerte. Las bayas y las hojas maduras pueden recolectarse y colgarse en las puertas como protección espiritual o para alejar las malas intenciones.

Beleño

Reconocido por sus grandes flores blancas y sus hojas verdes con profundas venas blancas, el beleño es una planta con poderosas propiedades. Los antiguos egipcios utilizaban las hojas, flores y semillas de esta planta para curar heridas mortales. Elogiaban esta planta por sus efectos analgésicos, que sabemos que se deben a un compuesto que relaja el sistema nervioso. Desde los tiempos de los antiguos egipcios, el beleño era también uno de los ingredientes del ungüento volador, una herramienta mágica increíblemente poderosa.

Hoy en día, sólo se recomienda utilizar el beleño en rituales curativos cuando se quiere invocar protección espiritual para alguien enfermo o herido. No ingiera la planta, ya que es extremadamente tóxica y puede provocar problemas respiratorios y cardíacos, incluso en pequeñas cantidades. En niños y animales, ingerir esta planta puede tener consecuencias nefastas.

Lavanda

La lavanda es conocida por sus fragantes flores, a menudo utilizadas para refrescar el contenido de los armarios, como herramienta de relajación o como ingrediente de productos de higiene naturales. Los antiguos egipcios daban a la lavanda usos similares, ya que la incorporaban a diversos tratamientos de aromaterapia e incluso al proceso de momificación. También se tiene constancia de que la lavanda era un gran analgésico y antiinflamatorio para tratar quemaduras y heridas. Los egipcios incluían la lavanda en sus hechizos mágicos cuando intentaban encontrar una solución para el insomnio, la indigestión y muchas otras dolencias y síntomas.

En los tiempos modernos, también puede colocar lavanda seca bajo la almohada para tener un sueño más relajado. Procesará los mensajes que reciba durante el día o los encontrará a través de la adivinación de los sueños. El efecto calmante de la lavanda favorece la autoaceptación y la armonía. Las cenizas de lavanda son un gran limpiador que puede utilizar durante sus prácticas preparatorias. Esparcir estas cenizas o crearlas antes de su hechizo ahuyentará las influencias maliciosas y a los propios espíritus malignos. También puede entregar un ramo de flores fuera de su casa para mayor protección.

Loto

En el antiguo Egipto, se creía que el loto tenía poderes beneficiosos para la protección y el amor. En aquella época, esta planta se consideraba un símbolo de la vida espiritual; según algunas fuentes, puede que incluso se considerara una puerta al centro del universo. Los antiguos egipcios utilizaban esta planta como ofrenda a los dioses durante las ceremonias religiosas y mágicas. El aceite de loto era un regalo de boda tradicional para los recién casados, ya que se creía que ayudaba a cultivar y proteger su amor.

Hoy en día, el aceite de loto puede utilizarse en hechizos mágicos de amor, relajación espiritual y amor propio. Su aroma relajante puede ayudar a confiar más en sus habilidades, especialmente en la adivinación psíquica. También promueve el crecimiento espiritual y la limpieza, revelaciones de la verdad, y la búsqueda de la buena suerte. También puede usarse para calmar la mente y durante una sesión de adivinación de sueños.

Menta

La menta es conocida por sus hojas verdes y aromáticas, que suelen utilizarse para infusiones y para realzar el sabor de las comidas. Sin embargo, los antiguos egipcios utilizaban a menudo la menta en hechizos y rituales para fomentar el amor, la riqueza y la prosperidad. Además, se creía que ayudaba a alejar a los malos espíritus y fortalecía espiritualmente a los practicantes. También se utilizaba en la magia curativa para aliviar la fatiga muscular y los problemas digestivos, al igual que se sigue utilizando hoy en día en las prácticas modernas de aromaterapia.

Una taza de té de menta por la mañana puede traerle buena suerte a lo largo del día, así que no dude en tomarlo siempre que se sienta con mala suerte. Seque las hojas y colóquelas sobre la cama de una persona enferma o herida, y ahuyentará la energía negativa y permitirá que la persona se recupere. También puede colocar hojas secas de menta bajo la almohada antes de irse a dormir. Proporcionará protección durante la adivinación de los sueños. Su aroma relajante también aumentará su capacidad para interpretar los mensajes que reciba durante el sueño.

Artemisa

La artemisa es una hierba que favorece el desarrollo psíquico y el enriquecimiento de las prácticas adivinatorias, especialmente durante el sueño. Esta planta también se utilizaba en el antiguo Egipto como protección contra los malos espíritus y las lesiones físicas. Debido a su capacidad para neutralizar los venenos, la artemisa formaba parte de la práctica de la magia curativa egipcia. También se tiene constancia de que se utilizaba para aliviar problemas digestivos.

En los tiempos modernos, los practicantes utilizan la artemisa principalmente como té preparado para ponerse de humor para recibir visiones psíquicas, mensajes adivinatorios y sueños proféticos. La artemisa seca también puede fumarse o incorporarse a ungüentos y aplicarse sobre la piel. Dependiendo de la dosis, estas aplicaciones pueden ayudar a diversos grados de efectos psicoactivos. Hay que tener en cuenta que, por esta razón, hay que tener cuidado con la dosis y no se debe dejar que animales o niños la consuman.

Mirto

Conocido por sus dulces flores rosadas, el mirto era considerado una de las mejores herramientas para la magia de amor en el antiguo Egipto. Los practicantes que querían realizar un hechizo de amor y fortalecer el vínculo con su pareja llevaban una corona hecha de flores frescas de mirto durante el hechizo. Este árbol también se asociaba con la fertilidad y se empleaba en hechizos que favorecían la concepción o garantizaban que no se produjera rápidamente (de ahí que muchas recién casadas lo lleven durante el día de su boda).

Si quiere que su vida amorosa siga siendo emocionante, también puede llevar una corona de mirto. Puede regalar pequeñas ramas de flores a las personas con las que quiera entablar amistad. Para mantener un aspecto juvenil y agilidad, debe beber té de mirto durante 3 días seguidos. Cultivar mirto en su jardín le ayudará a atraer riqueza, ideas fértiles y nuevas oportunidades a través de las cuales podrá perseverar.

Romero

Al igual que la lavanda, el romero también es una hierba increíblemente aromática con múltiples propiedades mágicas y no mágicas. Se reconoce por sus pequeñas hojas puntiagudas que se asientan sobre fuertes ramas. Aparte de su capacidad para realzar los sabores en la cocina como hierba seca suelta, el romero también se utiliza en forma de infusión de aceite para aliviar los dolores. En el antiguo Egipto, el romero formaba parte inevitable de los hechizos de amor, se consideraba afrodisíaco y de los ritos de protección, y también era favorecido por sus capacidades purificadoras. Puede quemar hojas de romero para purificar su espacio y su cuerpo antes de realizar un hechizo. En un baño, el romero tiene un efecto tonificante espiritual y le ayudará a ahuyentar los pensamientos negativos. Colocar romero en una bolsita cerca de la entrada de la casa de su ser querido fortificará la relación, sin dejar lugar a los celos y la desconfianza. También puede colocar romero bajo su almohada para que piense en usted más a menudo. O puede ponerlo bajo su almohada para relajarse más profundamente durante el sueño, mejorar las visiones oníricas y alejar las influencias que provocan pesadillas.

Salvia

Según la antigua tradición egipcia, la salvia puede ayudar a alejar el mal y se utilizaba a menudo en ceremonias de limpieza y otras ceremonias mágicas. La salvia tiene hojas jugosas de color verde grisáceo, que se secaban y se utilizaban como hierba suelta o se quemaban como parte de un ritual de purificación. Se decía que traía buena suerte e incluso ayudaba a reunir la sabiduría necesaria para realizar hechizos con éxito. La magia curativa egipcia también ha visto sus beneficios, ya que a menudo se utilizaba por sus propiedades antiinflamatorias y para fortalecer la mente, el cuerpo y el espíritu y ayudar a superar enfermedades y lesiones.

Aparte de añadir un gran aroma a sus platos, también puede incorporar la salvia a sus propios hechizos egipcios contemporáneos. Puede usarla para hacer un sahumerio o simplemente quemarla como incienso durante las prácticas preparatorias o meditativas. Le ayudará a superar el dolor y los acontecimientos traumáticos y a fortalecer su fuerza emocional y espiritual. Utilícela en sus ceremonias de limpieza para añadir pureza, especialmente a su espíritu, y para librarse a sí mismo y a su espacio de espíritus y energías negativas. En general, se recomienda quemar salvia si es nuevo en las prácticas mágicas y busca formas rápidas y sencillas de eliminar las influencias negativas que pueden entorpecer su camino de aprendizaje.

Verbena

La verbena es otra planta con propiedades tanto limpiadoras como protectoras. En el antiguo Egipto, se utilizaba para purificar un espacio ritual sagrado y para garantizar que todos los que realizaban el hechizo estuvieran protegidos de las influencias malignas. También hay pruebas de que se utilizaba en magia curativa y se decía que era especialmente eficaz para los problemas digestivos y renales.

Se pueden secar sus flores púrpuras y esparcirlas por la casa y el lugar del ritual para alejar a los malos espíritus. También se puede preparar un té con las hierbas sueltas de la verbena para aliviar el sistema digestivo o utilizar esta infusión con fines mágicos. Bébalo antes de sus prácticas de adivinación o trabajo astral, y su capacidad para interpretar mensajes espirituales aumentará. También puede hacer zumo de la planta fresca e incorporarlo a hechizos y pociones de amor. También potenciará sus habilidades psíquicas, pero tenga cuidado con la dosis, ya que en exceso puede provocar alucinaciones.

Capítulo 10: Hechizos y rituales del antiguo Egipto

En este capítulo, encontrará algunos hechizos egipcios para diversos propósitos como la protección, el amor, la abundancia y la curación. Tenga en cuenta que esta es solo una forma de realizar estos hechizos. Puede modificarlos de cualquier manera que crea conveniente. Encontrará instrucciones paso a paso para diferentes hechizos, rituales, oraciones y baños.

Hechizo para protegerse de la intoxicación alimentaria

En el antiguo Egipto, se creía que la intoxicación alimentaria era causada por enemigos. Si alguien sospechaba que su comida estaba envenenada, realizaba un ritual antes de comer. El hechizo se basaba en el principio de la retribución y hacía recaer la maldición sobre quien realizaba el hechizo original. Para realizar este hechizo, debe decir lo siguiente antes de comer:

«*Oh Sakhmet de ayer, Widget de hoy,*

viniste y reabasteciste mi mesa,

Igual que hiciste con tu padre cuando saliste de la ciudad de culto de Pe.

Protégenos con esa varita de papiro de la vida, que está en tu mano,

En el nombre tuyo de Wadjet.

Dispara tu flecha contra todo alimento de quien hable contra mí de cualquier forma maligna.

Que tenga lugar una matanza de ellos, como cuando venciste a los enemigos de Ra en la edad primordial, En el nombre tuyo de Sakhmet.

Tus ofrendas me pertenecen».

Ahora puede comer sin miedo a envenenarse. Este hechizo también funciona para darle una larga vida, protegiéndolo de cualquier daño que pueda haber sido intencionado por sus enemigos.

Hechizo de Amor

Cuando se trata de hechizos de amor, quien los hace debe quemar diferentes tipos de ofrendas en el cuarto de baño y escribir lo siguiente en las paredes:

«*Las conjuro, tierra y aguas, por el demonio que mora en ustedes y (conjuro) la fortuna de este baño para que, así como arden y arden y arden, así arda ella (la mujer objetivo) a quien (la madre de la mujer objetivo) parió, hasta que venga a mí...».*

También debe incluir los nombres de los dioses y las palabras mágicas que recitará cuando realice el hechizo. El hechizo también incluye las siguientes palabras

«*Santo nombre, inflama y quema el corazón de ella...».*

Si realiza este hechizo para conseguir que alguien se enamore de usted, continúe diciendo esto hasta que lo haga. Si usted está lanzando un hechizo en nombre de otra persona, quien es el foco del ritual eventualmente se enamorará de él.

Otro hechizo para enamorar consiste en frotar una garrapata de un perro muerto en su lomo. Se trata de un hechizo sencillo, pero eficaz. Una vez que una garrapata pica algo, no se cae fácilmente a menos que se tire de ella o se mate con un insecticida. Esto simboliza su nueva relación con la persona que ama.

Hechizos de protección

La energía negativa, los dioses enfadados, los demonios rencorosos, los espíritus y otros usuarios de la magia pueden causar mala suerte, desgracias, enfermedades y muchas otras dolencias y accidentes. La magia ofrece un mecanismo de defensa contra estos males. En el antiguo Egipto, se realizaban varios hechizos con utensilios mágicos, alimentos especiales, talismanes y estatuillas. Los colmillos de hipopótamo se utilizaban para tallar cuchillos mágicos destinados específicamente a proteger a los niños de hechizos y otros peligros que podían causarles daño, como las serpientes. Los talismanes de hipopótamo eran muy populares, ya que poseían un poder que protegía sobre todo a los más pequeños.

Las varitas de marfil se utilizaban para crear un círculo protector alrededor del lugar donde una mujer daba a luz o amamantaba a su hijo. Las varitas llevaban inscritos los seres peligrosos que el mago invocaba para proteger a la madre y al niño. Se les representaba estrangulando, apuñalando o mordiendo a las fuerzas malignas que representaban a los extranjeros o las serpientes.

También se creía que gritar, dar pisotones y hacer mucho ruido con tambores, sonajas y panderetas ahuyentaba a las fuerzas hostiles que causaban daño a las mujeres vulnerables. Las mujeres embarazadas y los niños también corrían el riesgo de ser atacados por fuerzas oscuras y necesitaban protección. Este hechizo resultaba útil en esos casos.

Los amuletos se utilizan desde hace mucho tiempo como protección y tienen forma o están grabados con representaciones de animales y dioses. También se pueden inscribir con símbolos y palabras para añadir poder y mejorar hechizos. Diferentes animales, dioses o personas proporcionarán diferentes tipos de protección y mejoras. Sin embargo, si su hechizo pretende causar daño a alguien, el dios lo rechaza. Por lo tanto, debe definir su intención para evitar enojar a los dioses. Todas las intenciones son válidas para obtener resultados efectivos.

Curación mágica

Se creía que los espíritus causaban distintos tipos de enfermedades, por lo que la curación era una ciencia mágica. La administración de medicamentos y los cuidados de enfermería se acompañaban con rituales específicos destinados a eliminar los agentes patógenos responsables de causar la enfermedad. Cuando los niños sufrían enfermedades que se creía que eran causadas por espíritus malignos, el sumo sacerdote invocaba los poderes del gran dios y el paciente se curaba inmediatamente. Magos, sacerdotes y médicos creían en los poderes mágicos.

Usted puede atraer demonios si está rodeado de malas energías o cosas negativas. Puede utilizar hechizos para deshacerse de la negatividad o de los malos espíritus una vez que han llegado. El estiércol se utilizó durante mucho tiempo en el antiguo Egipto para sacar demonios del cuerpo y la miel también es buena para alejar el mal (y no es tan sucia como el estiércol). Se pueden dibujar imágenes del espíritu maligno y luego destruirlas para alejar el mal o reducir su poder, de modo que se vuelva impotente. Inscribir hechizos curativos y protectores en amuletos y estatuillas era otro hechizo que realizaban los curanderos.

Varios hechizos incluían discursos que recitaba el médico o el paciente. La curación debía seguir unas pautas estrictas y el cuerpo debía examinarse de una manera determinada. Los resultados se interpretaban antes de realizar los tratamientos. En cada órgano del cuerpo hay vasos sanguíneos y los magos o sacerdotes ponían sus dedos sobre el paciente para sentir el pulso del corazón.

Remedio para el dolor de cabeza

Cuando alguien sufría un terrible dolor de cabeza, se realizaba un hechizo para tratar la situación. Para realizarlo, se usaban siete hilos de una prenda de vestir, con los que se hacían siete nudos. Estos nudos se colocaban en el pie izquierdo del enfermo. El hechicero recitaba las siguientes palabras.

«Mi cabeza, mi cabeza», dijo Horus.

«La mitad de mi cabeza (= migraña), la mitad de mi cabeza», dijo Thoth.

«¡Actúen por mí, madre Isis y tía Neftis!

Denme su cabeza a cambio de la mía, ¡la mitad de mi cabeza!».

(Isis habla): «Así como he visto a esta gente (= sufrientes humanos), así = he oído a estos dioses (Horus y Thoth) diciéndome el nombre de mi hijo Horus.

Que me traigan su cabeza a cambio de la mía».

Debe indicar su gratitud por los hilos del borde de la prenda que le curarán el dolor de cabeza. Cuando la noticia de las dificultades llegue a los dioses, encontrarán una cura.

Magia para la mordedura de serpiente

Una mordedura de serpiente a menudo pone en peligro la vida del paciente, y Sekhmet amenaza con causar consecuencias al tejido del mundo por la maldición de la mordedura de serpiente. Recite la siguiente oración para pedir la curación.

«La barca del sol está en reposo y no avanza,

El sol sigue en el mismo sitio que ayer.

El alimento está sin barco; el templo está atrancado,

Allí la enfermedad devolverá la perturbación

Al lugar de ayer».

Esta oración pretendía proteger al paciente y bloquear cualquier daño que pudiera llevarle a perder la vida. Los espíritus bloqueaban los efectos de los agentes malignos para proteger la vida.

Culto diario

El culto diario a los dioses y diosas era otro ritual crucial que se realizaba en los lugares de culto. Cada templo estaba dedicado a un dios o diosa y los egipcios creían que los templos eran sagrados, ya que los dioses o diosas vivían allí. Por ello, solo los sacerdotes podían entrar en los templos para realizar rituales con ofrendas de comida, bebida y ropajes para honrar y apaciguar a los dioses. Los agricultores llevaban parte de su cosecha al templo para honrar a las deidades. Todos los aspectos de la vida en el antiguo Egipto se basaban en las creencias y el poder de los dioses.

Ritual de ofrendas diarias

El ritual de las ofrendas diarias tenía por objeto complacer a los dioses y diosas y pedirles protección. Este ritual sigue vigente hoy en día y se deben seguir diferentes pasos para llevarlo a cabo. El primer paso es quemar incienso antes de visitar su santuario. Abra el santuario, que suele estar sellado con una cuerda. Retire la cuerda atada alrededor de los pomos de la puerta.

Quien realiza el ritual debe inclinarse ante la imagen de la deidad. Debe besar el suelo y luego levantar los brazos mientras canta el himno correspondiente al ritual. A continuación, se realizan ofrendas de aceite perfumado e incienso. Cuando se visita el santuario interior, se deben repetir los pasos anteriores.

La ofrenda principal para los dioses se realiza en el interior del santuario. Envuelva la imagen del dios con cuatro trozos de tela; cada uno debe tener un nombre diferente. Debe proporcionar a su imagen aceite perfumado, pintura negra (plomo) y verde (cobre) para los ojos. Cuando termine de realizar el ritual, debe abandonar el santuario. Asegúrese de barrer sus huellas y ofrezca incienso, natrón y agua.

Se trata de un ritual de ofrenda diaria; puede realizarlo, aunque no tenga ningún problema por resolver. Su finalidad es apaciguar a los dioses y diosas, para que sigan protegiéndole contra los maleficios. Cuando los dioses están contentos, recibe bendiciones que hacen su vida mucho más agradable.

Preparativos para hechizos y rituales

Para que los hechizos mágicos tengan éxito, son necesarios unos preparativos específicos y conviene evitar los días de mala suerte. Dependiendo del ritual que quiera realizar, debe elegir el día, la hora y el lugar apropiado para hacerlo. En el antiguo Egipto, la mayoría de los rituales se realizaban al amanecer o al anochecer y se llevaban a cabo en lugares oscuros y específicamente diseñados para esfuerzos espirituales. Si el mago, los ingredientes y el medio no mantenían un alto nivel de pureza, el ritual no podía tener éxito. Si se utilizaba la luna como medio, se suponía que debía estar llena. Los ingredientes y otros utensilios utilizados en el ritual debían limpiarse adecuadamente. Antes de ir a la cámara oscura para el hechizo, debía rociarse con arena limpia obtenida del gran río. Se utilizaba un recipiente limpio de cerámica o una copa de bronce para contener el agua pura para el ritual.

La magia era un componente integral de la vida en el antiguo Egipto, y se utilizaba para la protección, la curación, el nacimiento, el amor e incluso la muerte. Los dioses desempeñaban sus funciones a través de la heka (magia). El poder de los dioses se utilizaba para mantener el equilibrio y la armonía en el universo. Se realizaban diferentes formas de magia utilizando diversos ingredientes.

Para una persona corriente, la magia podía ser peligrosa, y entrar en contacto con las herramientas mágicas podía ser mortal. Por ejemplo, tocar accidentalmente el cetro utilizado por los magos debía resolverse invocando el conjuro del rey.

Deidades del antiguo Egipto de la A a la Z

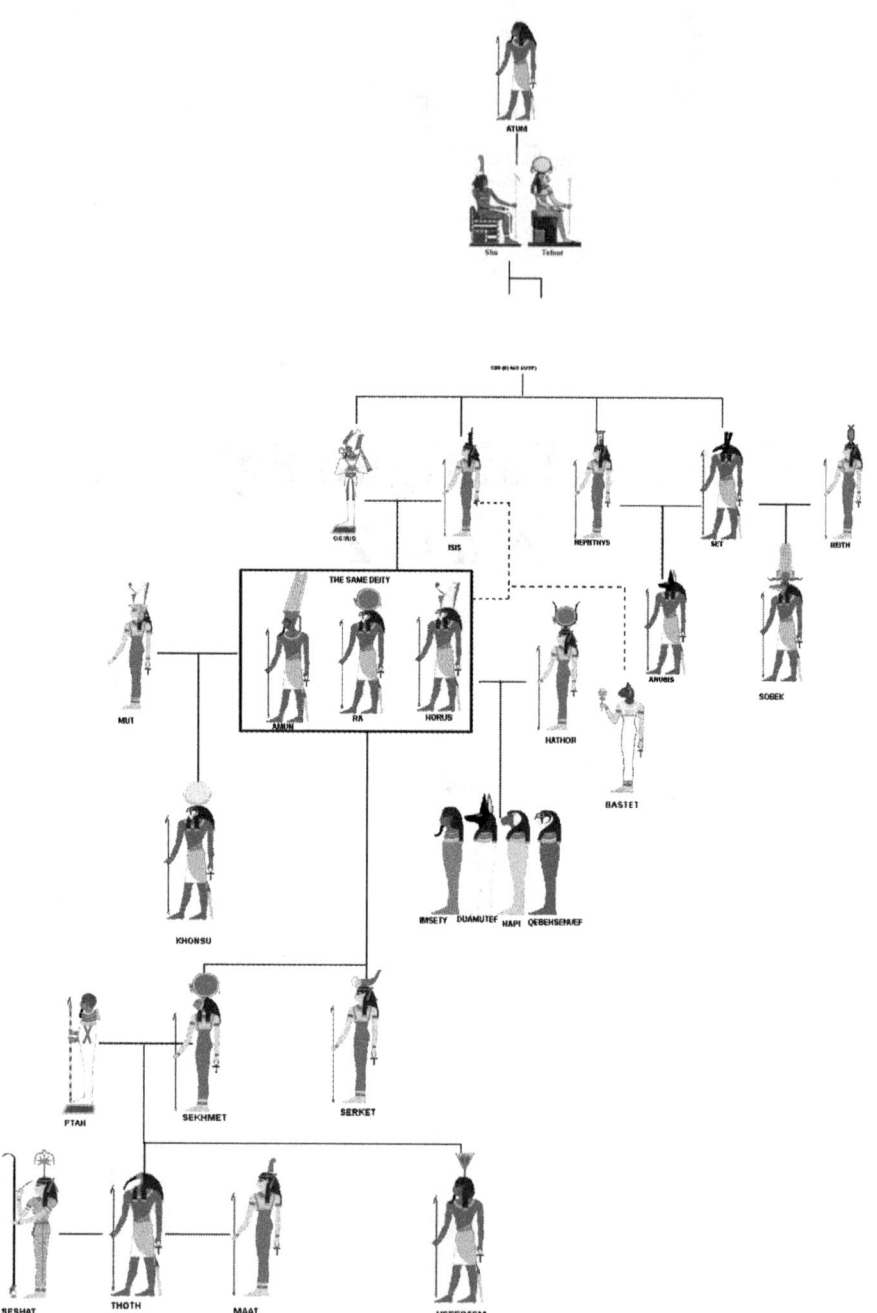

Árbol genealógico de los dioses egipcios
Lanewalker2, CC BY-SA 3.0 <https://creativecommons.org/licenses/by-sa/3.0>, vía Wikimedia Commons: https://commons.wikimedia.org/wiki/File:ApproxEgyptianGodsFamilyTree.svg

A

A'ah
Dios de la luna. Antiguamente llamado Iah y más tarde Knonsu.

Aken
Protegía las almas de quienes viajaban en barco al más allá.

Aker
Custodio del horizonte de este a oeste.

Am-Heh
Dios del inframundo que vivía en un lago ardiente.

Amenet
Proveía a los muertos de comida y bebida.

Ammit
Sus extremidades traseras eran las de un hipopótamo, tenía cuerpo de leopardo y cabeza de cocodrilo.

Amón
El dios del sol y del aire. Es el dios más popular y famoso del antiguo panteón egipcio.

Amenhotep
El dios de la sabiduría y la curación.

Amunet
Esposa de Amón.

Anat
Deidad femenina del amor, la sexualidad, la fertilidad y la guerra.

Anta
La diosa madre, a menudo parte de Mut de alguna forma.

Andjety
Dios de la fertilidad.

Anhur
Dios de la guerra.

Anqet
Parte del río Nilo y asociado a la fertilidad.

Anti
El dios halcón del alto Egipto.

Anubis

Deidad de los difuntos.

Anuke

Una de las deidades más antiguas del panteón. Diosa de la guerra.

Apedemak

Otro dios de la guerra que adoptó la forma de un león.

Apep

El demonio serpiente del caos.

Apis

Dios de la fertilidad con forma de toro.

Arensnuphis

Dios nubio y compañero de Isis.

Asclepio

Dios griego de la curación, también venerado por los antiguos egipcios.

Ash

Dios de los oasis.

Astarté

Diosa de la sexualidad y la fertilidad.

Atón

Deidad solar y personificación del disco solar.

Atum

El señor supremo de todos los dioses. También es el dios del sol.

Auf

Una de las manifestaciones de Atum.

B

Baal

El dios de la tormenta.

Baalat Gebal

Diosa protectora.

Babi

Dios de la virilidad y representante de la sexualidad masculina.

Banebdjedet

Otro dios de la fertilidad, el dios carnero.

Ba-Pef

Portador del terror espiritual.

Bastet

Diosa gata de la fertilidad, la protección, la fecundidad, el parto y los secretos de la mujer.

Bat

Portador de la fertilidad y el éxito (también es una deidad felina).

Bennu

Deidad aviar asociada a Ra, Osiris y Atum.

Bes

Dios enano de la guerra, la sexualidad, el parto, el humor y la fertilidad.

Beset

Contraparte femenina de Bes.

Buchis

Representación de Ka (un dios toro).

C

Campo de cañas

El paraíso en la otra vida.

Cuarenta y dos jueces

Los jueces que se reunían con las almas antes de la ceremonia de pesaje del corazón.

Cuatro Hijos de Horus

Qebehsenuef, Hapy, Imset y Duamutef.

D

Dama de la Acacia

Abuela de las divinidades; otro nombre de Iusaaset. Este título se concedió más tarde a Hathor.

Dama del Sicomoro

Otro nombre de Hathor.

Deidades de las cavernas

Moraban en las cuevas bajo tierra.

Dedun
Supervisor de otros dioses que les ofrecía protección y recursos.
Denwen
Deidad del fuego, a menudo representada por un dragón.
Diosas de los árboles
Deidades asociadas a los árboles, como Hathor, Isis y Nut.
Duamutef
Responsable del estómago de Horus que se guardaba en una vasija.
E
Enéada
Los nueve dioses de Heliópolis.
F
Fetket
El mayordomo de Ra y el dios de los camareros.
G
Geb
Dios de la Tierra y sol de Tefnut y Shu.
Gengen Wer
Desde el principio del mundo, el ganso divino.
H
Ha
Dios protector de los desiertos occidentales.
Hapi
Dios de la fertilidad y del limo del Nilo.
Hapy
Dios protector e hijo de Horus.
Hardedef
Hijo del rey Khufu.
Hathor
Una de las deidades más importantes y populares del antiguo Egipto. Diosa de la guerra, el amor, la fertilidad y el cielo.
Hathor-Nebet-Hetepet
La diosa madre (Hathor) y la mano de Atum.

Hatmehit
Deidad pez asociada a los ríos y deltas.
Haurun
Protector, pero también trae muerte y destrucción.
Hedetet
Deidad de los escorpiones que puede proteger de su picadura.
Heh y Hauhet
Deidades de la rana y la serpiente que representan la eternidad y el infinito.
Heqet
Deidad de la fertilidad y el nacimiento.
Heret-Kau
Diosa protectora, más poderosa que todos los espíritus.
Heka
Forma primordial del poder y forma divina de la magia y la medicina.
Heryshaf
Dios carnero de la fertilidad.
Heset
Diosa de la comida y las bebidas. Se la asociaba con el placer y la cerveza.
Hetepes-Sekhus
Diosa cobra del inframundo que personificaba el ojo de Ra.
Horus
Dios aviar que se asociaba con el poder, el cielo y el sol.
Hu
Dios de la palabra hablada y personificación de la primera palabra de Ra.
I
Iah
Dios lunar que desempeñaba un papel importante en el calendario egipcio.
Iabet
Deidad de la fertilidad y el nacimiento.
Ihy
Deidad de la alegría y la música.

Imhotep
Visir del rey Djoser y arquitecto de la pirámide escalonada.
Imsety
Dios protector e hijo de Horus.
Ipy
Diosa madre asociada a Osiris.
Ishtar
Deidad del amor, la sexualidad y la guerra.
Isis
Poderosa diosa egipcia de la magia y la curación.
Isis-Eutheria
Versión griega de Isis. Sus lágrimas formaron el río Nilo.
Iusaaset
Diosa madre y abuela de las demás divinidades.
Iw
Deidad de la creación.

J

Júpiter-Amun
Versión romana de Zeus-Amun.

K

Kabechet
Diosa serpiente e hija de Anubis.
Kagemni
Visir del rey Sneferu, convertido en dios de la sabiduría tras su muerte.
Kek y Kauket
Dioses de la noche y la oscuridad.
Khentekhtai
Dios cocodrilo del Athribis del bajo Egipto.
Khentiamentiu
Dios de la fertilidad de Abydos.
Khenmu
Dios patrón de los alfareros del alto Egipto primitivo.

Khepri

Manifestación de Ra, simbolizado por el escarabajo.

Kherty

Dios con cabeza de carnero de la Duat, el antiguo reino egipcio de los muertos.

Khonsu

Dios de la Luna capaz de curar instantáneamente a los enfermos.

M

Maahes

Poderoso dios que protegía a los inocentes.

Maat

Diosa de la justicia, la armonía y la verdad. Era una de las deidades más importantes del antiguo Egipto.

Mafdet

Una de las primeras diosas de la justicia. Declaraba los juicios y era responsable de su ejecución.

Mandulis

Dios nubio del sol, también venerado en el antiguo Egipto.

Mau

El gato de los dioses, estrechamente relacionado con Ra, protegía el Árbol de la Vida cuando estaba en peligro.

Mehen

Deidad serpiente y protectora de Ra.

Mehet-Weret

Deidad de la vaca y una de las diosas más antiguas.

Mehit

Una de las primeras diosas de la luna, consorte de Anhur.

Mekhit

Diosa leona de la guerra, de origen nubio.

Menhit

La representación de la frente de Ra, diosa leona y del sol.

Meretseger

Deidad cobra de la protección.

Merit

Diosa musical que creaba orden.

Meskhenet

Una de las deidades egipcias más antiguas. Era la diosa del parto y se creía que asistía a los nacimientos. Era la encargada de crear el ka y de insuflarlo en el cuerpo.

Mestjet

Diosa con cabeza de leona. Era uno de los numerosos aspectos del Ojo de Ra.

Min

Dios de la fertilidad del periodo predinástico y deidad de los desiertos orientales.

Mnevis

Se creía que Mnevis era un aspecto de Ra y el toro divino de Heliópolis.

Montu

El dios halcón, asociado a Horus y Ra.

Mut

Esta diosa madre desempeñó un papel secundario en los inicios de la historia. Sin embargo, su importancia creció cuando se convirtió en la esposa de Amón.

N

Nebethetpet

Deificación de la mano de Atum venerada en Heliópolis.

Nefertum

Inicialmente era uno de los aspectos de Atum, pero más tarde se le conoció como el dios de los olores agradables y los perfumes. Nefertum estaba especialmente vinculado a las flores aromáticas.

Nehebkau

Se creía que este dios protector unía el *ka* con el *ba* tras la muerte de un individuo. También era responsable de unir el *ka* con el cuerpo al nacer.

Nehmetawy

Esta diosa era venerada en Hermópolis y se creía que abrazaba a los menos afortunados.

Neith

Neith fue una de las deidades egipcias antiguas más populares y duraderas. Era una diosa creadora y estaba vinculada a Nun. Los egipcios creían que inventaba el nacimiento y era responsable del crecimiento.

Nekhbet

Esta diosa buitre estaba vinculada a Wadjet, a menudo llamada «Las dos damas».

Nekheny

Deidad halcón que protegía.

Neper

La encarnación del maíz y el dios de los cereales.

Neftis

Estaba entre los cinco primeros hijos de Geb y Nut. Diosa de la fertilidad y hermana gemela de Isis.

Nu y Naunet

La diosa del caos primordial.

Nut

Esposa de Geb y diosa del cielo primordial.

O

Ogdoad

Los ocho dioses de la creación: el infinito (Heh y Hauhet), el agua (Nun y Naunet), lo oculto (Amón y Amaunet) y la oscuridad (Kek y Kauket),

Onuris

Dios de la caza y la guerra.

Osiris

Fue uno de los cinco primeros hijos de Geb y Nut. Era el juez de los muertos.

P

Pakhet

La diosa leona de la caza con los atributos vengativos de la diosa Sekmet y la justicia y la rectitud de Isis.

Panebtawy

Era la deificación del rey. Hijo de Horus y represente de Horus niño. Se pensaba que era el dios niño.

Peteese y Pihor

Aunque eran humanos, estos hermanos fueron deificados debido a su vínculo con Osiris. Este vínculo se estableció cuando se ahogaron en el río Nilo. Desde entonces, se convirtieron en deidades protectoras locales.

Ptah

Ptah era uno de los dioses más antiguos del antiguo Egipto y se creía que era la deidad de Menfis, el gobernador de la verdad y el creador del universo.

Q

Qebehsenuef

Qebehsenuef era uno de los hijos de Horus y se creía que era un dios protector con forma de halcón.

Qudshu

Aunque era una deidad siria del amor, los antiguos egipcios la adoraban como diosa del éxtasis divino y el placer sexual.

R

Ra

El poderoso dios del sol de la ciudad de Heliópolis. Las pirámides de Guiza están vinculadas a este dios.

Raettawy

Raettawy era el aspecto femenino del dios del sol Ra.

Ra-Harakhte

Dios con forma de halcón que era una mezcla entre Horus y Ra.

Renpet

Renpet era una diosa que divinizaba el año, representando el paso del tiempo.

S

Sah

Sah era un dios astral que divinizaba la constelación de Orión. Cuando se representaba junto a Sothis, representaban a Osiris e Isis en sus formas astrales.

Sekhmet

Sekhmet era una de las deidades más importantes del antiguo Egipto. Se la representaba como una mujer con cabeza de león y se creía que era la deidad de la curación y la destrucción.

Serket
Esta diosa protegía principalmente contra el veneno. También era una deidad funeraria.

Set
Dios del caos, la guerra y las tormentas.

T

Ta-Bitjet
Era la diosa encargada de proteger contra las picaduras venenosas y mortales. También lanzaba hechizos curativos.

Tasenetnofret
Esta diosa protectora era una versión de Hathor. También era la compañera de Horus.

Tatenen
Este dios protector de la Tierra estaba emparentado con Ptah.

Taweret
Era la diosa hipopótamo protectora del parto y la fertilidad. También se creía que era la consorte de Bes.

Tayet
Era la diosa tejedora, responsable de la provisión de ropas y tejidos, y de las momificaciones.

Tefnut
Diosa de la humedad e hija de Atum Ra. A menudo se la representaba como una leona o una serpiente con cabeza de león.

Tenenit
Era la diosa de la cerveza, la fermentación y el parto.

Thoth
Deidad de la palabra, la sabiduría y la integridad. Algunos egiptólogos sugieren que inicialmente era un dios lunar.

Tjenenyet
Esta diosa protectora era venerada en Hermonthis. También era la consorte de Montu (el dios de la guerra).

Transbordador celestial
Desde el inframundo, transportaba almas a través de la frontera del río.

Tríadas

Una tríada es una agrupación de tres deidades significativas.

Tutu

El dios Tutu era conocido por mantenerse alejado de sus adversarios y luchar contra la magia negra y los demonios. Era en parte humano, en parte serpiente, en parte león y tenía alas.

U

Uat-Ur

Deidad del mar Mediterráneo.

Unut

Esta diosa, con cabeza de conejo y cuerpo de serpiente, también era conocida como «la diosa conejo». Se creía que era una manifestación de Ra u Osiris.

W

Wadjet

Hija de Ra y gran diosa protectora. Apareció en numerosas historias sobre el Ojo de Ra, y Weret-Hekau, que significa «gran magia», era uno de sus muchos nombres.

Wadj-Wer

También conocida como «La Gran Verde», Wadj-Wer era la forma divinizada de las lagunas, lagos y pantanos de los deltas que se encuentran cerca del mar Mediterráneo.

Waset

«La Poderosa Hembra» era uno de los títulos de Wast. Era conocida como la diosa protectora de la ciudad de Tebas.

Weneg

Este dios protector estaba estrechamente relacionado con el concepto y la diosa Maat. Se creía que mantenía la paz entre los cielos y la Tierra. También era el portador del cielo.

Wenenu

Era un dios liebre y el compañero de Wenet, la diosa serpiente. Se creía que era una manifestación de Ra u Osiris.

Wepset

Se traduce como «la que quema». Era conocida por destruir a los adversarios de Osiris.

Wepwawet

El nombre de este dios significa «abridor de los caminos», aludiendo a la creencia de que despejaba el camino en las guerras. También guiaba el camino hacia la vida después de la muerte, así como durante el nacimiento.

Werethekau

El nombre de este dios se traduce como «grande de la magia». Es un título aplicado a numerosas deidades, entre ellas Isis y Wadjet.

Y

Yam

Aunque era un dios fenicio, Yam llegó al antiguo panteón egipcio a través del comercio. También apareció en la tradición egipcia por su batalla con Set.

Z

Zenenet

Uno de los títulos otorgados a Isis, Zenenet se utilizaba especialmente en Hermonthis.

Conclusión

Como ha aprendido en este libro, la antigua magia egipcia es una de las formas de magia más antiguas que se conocen. La magia era una parte esencial de la vida en Egipto. Era una parte fundamental de la medicina y era utilizada por todos, desde plebeyos hasta funcionarios, pasando por la realeza, los faraones, los sacerdotes y las deidades.

La magia protectora se utilizaba en todos los aspectos de la vida, desde alejar a los espíritus malignos hasta curar heridas. Los antiguos egipcios llegaron incluso a utilizarla en rituales destinados a ahuyentar ejércitos invasores.

Al igual que en otras culturas, en el antiguo Egipto la magia era blanca o negra. La magia blanca era la magia buena que protegía y la magia negra era la que dañaba o destruía. La magia blanca protegía a los bebés durante el parto y a las madres durante el embarazo; promovía el amor o protegía a quienes viajaban a otros mundos.

Heka era el dios de la magia en el antiguo Egipto. Era, en esencia, la personificación de la magia, y su nombre es en realidad la palabra egipcia para magia. La magia era una parte tan fundamental de la medicina del antiguo Egipto que a los médicos se les llamaba «sacerdotes de Heka».

La magia impregnaba todos los aspectos de la vida religiosa del antiguo Egipto. Una de las principales deidades del antiguo Egipto, Isis, era una de las magas más poderosas del país y se decía que su poder mágico era mayor que el de los demás dioses. De hecho, se suponía que era su poder mágico el que protegía al reino de Egipto de los enemigos y tenía dominio sobre el propio destino.

Entre las herramientas utilizadas en la práctica mágica del antiguo Egipto se encuentran las varitas mágicas, las figuras *ushabti*, el cetro *sekhem* y el Libro de los Muertos. Sin embargo, las herramientas mágicas más utilizadas por los antiguos egipcios eran los amuletos mágicos.

Se creía que muchos símbolos egipcios poseían un poder mágico inherente y estos símbolos se convertían en amuletos que los individuos llevaban consigo y colocaban junto a los muertos en sus tumbas. Algunos de los símbolos y amuletos más conocidos son el *anj*, el escarabajo y el ojo de Wedjat. Otros tipos de magia del antiguo Egipto son la adivinación y la magia con plantas.

A lo largo de los años, la magia y la religión del antiguo Egipto se han utilizado en diversas creencias y sociedades esotéricas, como la Orden Hermética de la Aurora Dorada. Sin embargo, a pesar de estas variaciones, todavía es posible encontrar la historia de la verdadera magia y religión del antiguo Egipto, y eso es exactamente el objetivo de este libro.

Vea más libros escritos por Mari Silva

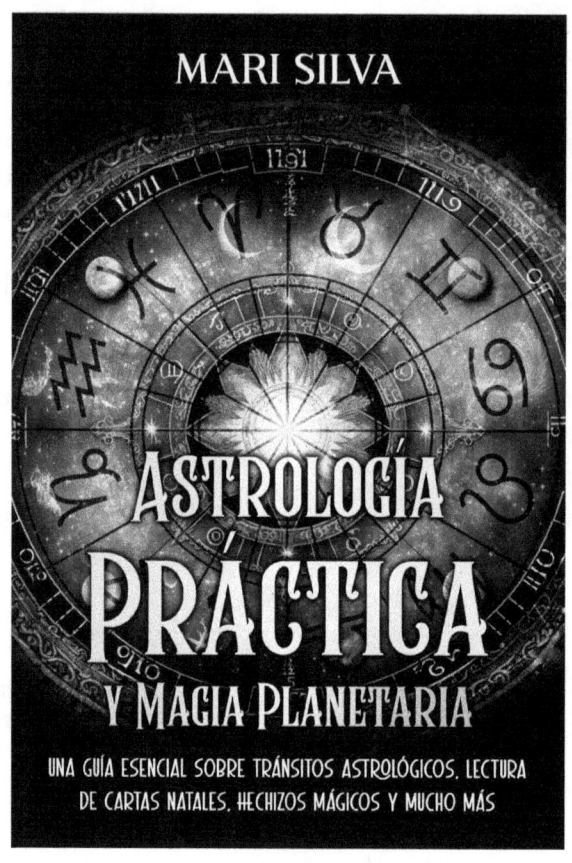

Su regalo gratuito

¡Gracias por descargar este libro! Si desea aprender más acerca de varios temas de espiritualidad, entonces únase a la comunidad de Mari Silva y obtenga el MP3 de meditación guiada para despertar su tercer ojo. Este MP3 de meditación guiada está diseñado para abrir y fortalecer el tercer ojo para que pueda experimentar un estado superior de conciencia.

https://livetolearn.lpages.co/mari-silva-third-eye-meditation-mp3-spanish/

Referencias

42 leyes de Maat en la ley del *kemetismo*. (n.d.). Blackhistoryheroes.com. http://www.blackhistoryheroes.com/2013/02/42-laws-of-maat-under-kemet-law-and.html

Ask-Aladdin. (n.d.). La diosa egipcia Maat - Maat, la diosa de la justicia - AskAladdin. Egypt Travel Experts. https://ask-aladdin.com/egypt-gods/maat/

Atum [UC4GrfTi1FYF87_wJnPxaSyA]. (2021, May 9). 42 leyes de Maat | Orígenes de la moral en la biblia del antiguo Egipto | Origen de la moral. Youtube. https://www.youtube.com/watch?v=DgPe90iqa8Y

(n.d.). 42 leyes de Maat. The Xovia Collection.

Gill, N. S. (2010, May 18). ¿Quién era Maat en el antiguo Egipto? ThoughtCo. https://www.thoughtco.com/who-is-maat-119785

Maat. (n.d.). Egyptianmuseum.org. https://egyptianmuseum.org/deities-Maat

Maat. (n.d.). Ancientegyptonline.co.uk. https://ancientegyptonline.co.uk/maat/

Maat | Concepto de la religión egipcia. (n.d.). In Encyclopedia Britannica.

Mark, J. J. (2016). Maat. Enciclopedia de la historia del mundo.

Los 42 ideales de maat –. (2019, March 24). Kemet Experience. https://www.kemetexperience.com/the-42-ideals-of-maat/

The Editors of Encyclopedia Britannica. (2021). Maat. In Encyclopedia Britannica.

Wigington, P. (2009, August 6). Maat, diosa egipcia de la verdad y el equilibrio. Learn Religions. https://www.learnreligions.com/the-egyptian-goddess-maat-2561790

Ellison, T. (2021, June 15). Magic in the ancient world: Egyptian deities and uses. TheCollector. https://www.thecollector.com/magic-ancient-world-egyptian-deities/

Harris, E. (2016). Ancient Egyptian magic. Red Wheel/Weiser.

Mark, J. J. (2017). Magic in ancient Egypt. World History Encyclopedia. https://www.worldhistory.org/article/1019/magic-in-ancient-egypt/

Egyptian civilization - Myths - Creation myth. (n.d.). Historymuseum.Ca.

McLean, J. (n.d.). Ancient Egyptian religion. Lumenlearning.com https://courses.lumenlearning.com/suny-hccc-worldcivilization/chapter/ancient-egyptian-religion/

San-Aset. (2020, July 13). The seven principles of ma'at. Iseum Sanctuary. https://iseumsanctuary.com/2020/07/12/the-seven-principles-of-maat/

Themes, W. (2019, June 11). The Egyptian ceremony of the weighing of the heart. St James Ancient Art. https://www.ancient-art.co.uk/the-egyptian-cerimony-of-the-the-weighing-of-the-heart/

Alvar, J. (2020, March 22). *Worship of this Egyptian goddess spread from Egypt to England.* National Geographic. https://www.nationalgeographic.co.uk/history-and-civilisation/2020/03/worship-of-this-egyptian-goddess-spread-from-egypt-to-england

Apep (apophis). (n.d.). Ancientegyptonline.co.uk. https://ancientegyptonline.co.uk/apep/

Bastet (bast). (n.d.-a). Egyptianmuseum.org https://egyptianmuseum.org/deities-Bastet

Caro, T. (2021, January 7). How to Know if a Goddess is Calling you? [Signs Explained]. *Magickal Spot.* https://magickalspot.com/is-goddess-calling-me/

Category:Maat-goddess (hieroglyph). (n.d.). Wikimedia.org. https://commons.wikimedia.org/wiki/Category:Maat-goddess_(hieroglyph)

Connecting with Neith? (n.d.). Reddit. https://www.reddit.com/r/witchcraft/comments/p2sjed/connecting_with_neith/

Cult of Isis. (n.d.). Wabash.edu http://persweb.wabash.edu/facstaff/royaltyr/AncientCities/web/rel%20372%20project/ISIS.htm

Deprez, G. (2021, April 24). *Goddess Isis: Fascinating facts about the mother of all gods.* TheCollector. https://www.thecollector.com/ancient-egyptian-goddess-isis/

Egyptian civilization - Myths - The divine family. (n.d.). Historymuseum.Ca.

Explore deities in ancient Egypt. (n.d.). Egyptianmuseum.org. https://egyptianmuseum.org/deities-overview

Fields, K. (2020, February 18). *Bastet: 9 ways to work with the Egyptian cat goddess of the home.* Otherworldly Oracle; FIELDS CREATIVE CONSULTING. https://otherworldlyoracle.com/bastet-egyptian-cat-goddess/

Fields, K. (2022, June 26). *Isis Goddess of Magic: 12 ways to work with her POWERFUL energy*. Otherworldly Oracle; FIELDS CREATIVE CONSULTING. https://otherworldlyoracle.com/isis-goddess/

Fulton, N. (2020). *Serqet: A bug, a brother, and a great big bomb*. Independently Published.

Geller. (2016, October 17). *Neith*. Mythology.net. https://mythology.net/egyptian/egyptian-gods/neith/

Gerges, F. A. (2021). *ISIS: A History*. Princeton University Press.

Hill, B. (2019, June 9). *Maat: Ancient Egyptian goddess of truth, justice and morality*. Ancient Origins. https://www.ancient-origins.net/history-ancient-traditions/maat-ancient-egyptian-goddess-truth-justice-and-morality-003131

Isis: Goddess symbols, correspondences, myth & offerings. (2021, July 2). Spells8. https://spells8.com/lessons/isis-goddess-worship/

Jay, N. (2020, December 1). *Neith – creator of the universe*. Symbol Sage. https://symbolsage.com/neith-egyptian-goddess/

Lesso, R. (2022, May 31). *Why was sekhmet important to ancient Egyptians?* TheCollector. https://www.thecollector.com/why-was-sekhmet-important-to-ancient-egyptians/

LibGuides: Bastet: About. (2021a). https://westportlibrary.libguides.com/bastet

LibGuides: Bastet: About. (2021b). https://westportlibrary.libguides.com/bastet

Maat. (n.d.). The Fitzwilliam Museum. https://fitzmuseum.cam.ac.uk/objects-and-artworks/highlights/context/tradition-and-change/maat

Ma'at. (n.d.). Enlightenment Through Hellfire https://scarletarosa.tumblr.com/post/631441701809029120/maat-egyptian-goddess-of-truth-justice-harmony

Maat - Egyptian Goddess of Justice. (2013, April 3). Crystal Vaults. https://www.crystalvaults.com/goddess-maat/

Maat symbol. (2018, July 2). Ancient Symbols. https://www.ancient-symbols.com/symbols-directory/maat.html

www.ingramcontent.com/pod-product-compliance
Lightning Source LLC
Chambersburg PA
CBHW051854160426
43209CB00006B/1293